PROYECTO DISCIPULADO

LUCAS LEYS
DAVID NOBOA

PROYECTO DISCI-PULADO

LUCAS LEYS
DAVID NOBOA

e625.com

PROYECTO DISCIPULADO - MINISTERIO DE JÓVENES
e625 - 2020
Dallas, Texas
e625 ©2020 por **Lucas Leys y David Noboa**

Todas las citas bíblicas son de la **Nueva Biblia Viva (NBV)** a menos que se indique lo contrario.

Editado por: **María Gallardo**

Diseño interior y portada: **JuanShimabukuroDesign**

ISBN: 978-1-946707-44-4

IMPRESO EN ESTADOS UNIDOS

CONTENIDO

INTRO

«El éxito es solamente una consecuencia
de haber desarrollado una disciplina con perseverancia».
Lucas Leys *(Stamina)*

En la Biblia encontramos la historia de cuando Jesús, luego de la resurrección, tuvo un encuentro con dos de sus discípulos mientras caminaban hacia Emaús, una ciudad ubicada a unos 10 kilómetros de Jerusalén. Según leemos en el relato de Lucas capítulo 24, aquellos que decían ser sus seguidores no supieron, en ese momento, quién era Él. ¿No te intriga esa afirmación? ¿Cómo se entiende que aquellos que se reconocían como sus seguidores no pudieran reconocerle? Las respuestas pueden ser muchas... Algunos ilustran a Jesús oculto detrás de un manto, otros dicen que su imagen glorificada era diferente a su forma humana anterior a la crucifixión, o quizás tenía la capacidad de confundir los ojos de la gente para que no le reconocieran. Lo cierto es que no supieron quién era hasta el momento en que partió el pan y recién entonces pudieron reconocerlo.

Esta historia destaca una verdad poderosísima. No es suficiente con saber quién es Jesús. Necesitamos tener experiencias cercanas con Él. Jesús puede caminar contigo sin que le puedas reconocer, y de pronto, ¡puf!, viene una gran revelación a tu vida que te hace ver claramente que Jesús ha estado caminando y hablando contigo todo ese tiempo.

ESA ES LA TAREA DE LOS DISCIPULADORES: CAMINAR CON ALGUIEN PARA QUE PUEDA VER CLARAMENTE A JESÚS

Esa es la tarea de los discipuladores: caminar con alguien para que pueda ver claramente a Jesús; acompañar a otro que aún no puede reconocerlo en ciertos aspectos de su vida. Y ese es el desafío del discipulado bíblico: viajar junto a otra persona hasta que pueda reconocer al Mesías, caigan sus velos interiores y experimente la presencia de Dios a través del Cristo resucitado.

LO QUE NO ES EL DISCIPULADO:

En muchas ocasiones, la manera más clara de definir algo es hacer una lista de lo que ese algo no es, y aquí hay una lista de lo que el discipulado bíblico no es:

- **NO ES UNA CLASE BÍBLICA.** Usualmente se confunden estas dos expresiones que suelen ir de la mano pero no son iguales. Una clase en la que se enseña la Biblia aporta una parte importante en el crecimiento de un discípulo. De hecho, una parte indispensable y por eso este libro contiene lecciones para enseñar, pero el libro incluye la palabra "proyecto" porque una clase no es el todo del discipulado.

- **NO ES UN PROGRAMA DE MEMBRESÍA.** En algunas iglesias se da entender que el discipulado es un programa de iniciación para nuevos creyentes, pero otra vez, queremos que los nuevos creyentes comiencen a ser discípulos de Jesús y es bueno que haya un buen programa para quienes dan sus primeros pasos en la fe pero el discipulado no termina con el bautismo o con la finalización de un curso. No se trata de seguir una serie de talleres. Aunque esto puede ayudar mucho en el proceso del discipulado, verás que el conocimiento bíblico y otros tipos de aprendizajes no redundan necesariamente en una mayor madurez espiritual.

- **NO ES UNA REFLEXIÓN DOCTRINAL.** El discipulado no está limitado a cuestiones intelectuales. Más bien es un desarrollo de carácter integral que involucra, además de la parte cerebral, el espíritu, las emociones, la voluntad y la conducta. Las clases teológicas podrían hacernos caer en el engaño de que aprendiendo ciertas doctrinas, seremos buenos discípulos. Las doctrinas claro que son fundamentales y hay enseñanza doctrinal en un verdadero discipulado bíblico, pero esas doctrinas deben pasar a la acción para surtir su efecto. El saber teología y doctrina no te hace un buen discípulo si no te llevan a una práctica tangible. Considera, por ejemplo, a los fariseos, a quienes Jesús confrontaba. Ellos tenían mucho conocimiento, y manejaban la teología y la doctrina a la perfección, pero su corazón estaba muy lejos de Dios.

- **NO ES UNA LITURGIA.** Aunque es cierto que el discipulado tiene mucho que ver con adquirir buenos hábitos y disciplinas espirituales, estas cosas no deben convertirse en repeticiones frías ni en rígidas conductas religiosas. Cada disciplina adquirida, cada momento de adoración colectiva, cada acto de participación comunitaria, oración y ayuno, son herramientas para que nuestro corazón sea conquistado por el corazón de Jesús y no solamente para que "hagamos" lo que es correcto a los ojos de otros.

Se puede saber mucho acerca de Dios y estar lejos de Él y por eso, el discipulado genuino es más parecido a ser un espejo de Cristo que a simplemente enseñar sobre Él.

El punto no es "demostrar" quién se parece más a Jesús sino tener en claro que mientras más me enfoco en reflejar voluntariamente a Cristo, mejor discipulador seré.

Entonces, ¿qué es el discipulado bíblico? Reunir en una sola frase todo lo que un discipulado genuino significa puede ser muy osado... pero lo podemos intentar:

«EL DISCIPULADO ES UN PROCESO DE ACOMPAÑAMIENTO EN EL QUE, A TRAVÉS DE UNA RELACIÓN PERSONAL, SE CONSIGUE MOLDEAR EN EL DISCÍPULO LAS VIRTUDES DEL CARÁCTER DE JESÚS».

PIENSA EN ESTAS DOS PALABRAS:

- **PROCESO:** El discipulado es un proceso progresivo y paciente. Tiene que ver con acompañar a una persona desde un lugar a otro, tal como sucedió con los caminantes de Emaús. Mientras iban caminando, Jesús les recordaba cosas que ya habían escuchado y les decía otras que aún no sabían. Y ellos vivieron con tal intensidad el "proceso" de esa caminata, que cuando finalmente se dieron cuenta de que era su Maestro, recordaron que su corazón ardía mientras Él les hablaba.

- **RELACIÓN:** El discipulado no sucede sin acompañamiento. Caminar junto con alguien significa "estar allí" para esa persona. No se reduce a impartir lecciones o clases, y definitivamente debe ser algo más que una reunión semanal. El discipulado va más allá de compartir los cultos o las reuniones programadas. Los mejores discipuladores comparten con sus aprendices otros momentos de la vida y por eso las lecciones de este libro te van a desafiar a pasar de la lección a la convivencia. Así lo hizo Jesús. Y así lo haremos nosotros.

MIENTRAS MÁS ME ENFOCO EN REFLEJAR VOLUNTARIAMENTE A CRISTO, MEJOR DISCIPULADOR SERÉ

Los doce discípulos no fueron los únicos seguidores de Jesús pero fueron los más íntimos. A lo largo del tiempo que nuestro Mesías caminó entre los seres humanos, muchos estuvieron cerca de Él y eso continúa hasta hoy. ¿Recuerdas a la multitud comiendo gratis de los panes y los peces? Seguidores de Jesús puede haber muchos, pero no todos los que dicen seguirle son verdaderamente sus discípulos.

La Biblia dice que el Verbo se hizo carne y habitó entre nosotros. Vivió con los hombres proclamando que el reino de los cielos se había acercado. Murió. Resucitó. Y justo antes de partir de regreso al trono preparado para Él, dejó una gran tarea: *"Vayan y hagan discípulos, enséñenles a guardar todas las cosas que les he enseñado"*. Luego se dice que alrededor de 500 personas presenciaron la ascensión del Salvador (1 Corintios 15:6).

La gran tarea de hacer discípulos a todas las naciones se ha efectuado con diversos matices, y al iniciar este proyecto en nuestras iglesias la gran pregunta a responder es: ¿cómo podemos hacer mejores discípulos de Jesús?

Y para hacerlo, a continuación tienes 10 recordatorios cruciales sobre los diferentes aspectos que el discipulado bíblico representa. **Más allá de la transmisión de conocimientos, estas premisas tienen la intención de ayudarte en la transmisión de una CULTURA**. Eso es lo que Cristo vino a instaurar: la cultura del reino de los cielos, la interpretación precisa de lo que el Padre había dicho desde tiempos antiguos, el ejercicio social de un pueblo, al cual ahora llamamos familia, y las características que esta familia debe tener. Como ves, se trata de cosas cruciales que no podemos olvidar.

Jesús anunció que había venido para cumplir la ley y no para abolirla, pero Él no les enseñó a sus discípulos una serie de pasos para ser un mejor creyente. Él vivió con ellos un estilo de vida de fe. Jesús estuvo con sus discípulos hasta en los momentos más difíciles, pero no los reunió para darles una charla sobre obediencia. Él obedeció al Padre en todo, y así les enseñó a ellos a hacer lo mismo.

"Este es el pacto que haré con ellos después de aquellos días, —dice el Señor: Pondré mis leyes en su corazón y las escribiré en su mente".
Hebreos 10:16

ENTRENAMIENTO PREVIO PARA DISCIPULADORES

Tu iglesia y ministerio pueden hacer un discipulado transformacional y este entrenamiento preliminar tiene la intención de:

- Romper cualquier paradigma incorrecto que exista en torno al discipulado bíblico en la comprensión de los miembros de tu equipo.

- Entusiasmar a tus voluntarios con el tremendo proyecto de que tus participantes se parezcan más a Jesús.

- Optimizar el proceso de crecimiento estableciendo resultados claros para tu ministerio.

- Ampliar la visión de todos los involucrados recuperando el sentido de comunidad de la Iglesia del primer siglo.

PRINCIPIOS ESENCIALES DEL DISCIPULADO BÍBLICO

PRINCIPIO 1

SOMOS LA IGLESIA

«El mayor regalo que puede recibir una iglesia es tener un grupo de familias que asuman la vida con tanta seriedad cristiana que estén dispuestas a alterar por completo su estilo de vida para criar discípulos para Jesucristo».

Abraham Kuyper

Por mucho tiempo nos acostumbramos tanto a hacer reuniones en un templo como parte del ejercicio natural de la Iglesia que esta inercia nos ayudó a olvidar que debemos ser y hacer **discípulos**, y no solo asistentes a reuniones. En un sentido bíblico, la iglesia no es un lugar al que ir sino una familia a la cual pertenecer y si no logramos verla de esta manera, terminaremos estancando nuestro crecimiento personal y el de la Iglesia.

La forma en que hablamos exhibe cómo pensamos y, en consecuencia, cómo actuamos. Mira esta conversación:

— ¿A qué iglesia asistes?

—Asisto a la Iglesia Central.

—Pero... ¿eres de los que sirven?

—Solo asisto, no estoy en ningún ministerio.

> **LA IGLESIA NO ES UN LUGAR AL QUE IR SINO UNA FAMILIA A LA CUAL PERTENECER**

Seguramente escuchaste alguna parecida. Pero lo cierto es que «asistir» a una comunidad eclesial es prácticamente imposible desde la perspectiva de Dios. Piensa en tu familia. ¿Asistes semanalmente a tu familia o eres parte de ella? Ser parte de la iglesia y congregarnos no es lo mismo que asistir.

Una respuesta bíblica para la pregunta de más arriba sería:

—No asisto a una iglesia, yo *soy* la Iglesia de Cristo.

Otra conversación muy común es la siguiente:

—Esta semana no fui a la iglesia.

Y su líder responde: —Pues no debes faltar porque recuerda que no debemos dejar de congregarnos.

Nadie tiene malas intenciones al decir estas cosas pero hacerlo puede empujar a las nuevas generaciones a llevar una doble vida. ¿Qué es congregarse exactamente? Obviamente la palabra quiere decir reunirnos pero en un sentido bíblico quiere decir estar enlazados. Compartir un sentir, un creer y un hacer continuo.

DECIR "SER LA IGLESIA" NOS HACE SABER QUE SOMOS PARTE Y NO DEJAMOS DE SERLO JAMÁS

Tenemos que evitar que por un lado esté la vida de las reuniones de la iglesia, en la que todos se muestran buenos, serviciales, y hasta son un buen ejemplo para los demás y por el otro esté «la vida secular». Hemos vivido en esa dicotomía por siglos, y ya es hora de decir que es errónea y que no es bíblica ya que según la revelación escrita no existe una vida cristiana y una vida secular. Si eres un discípulo de Jesús, entonces eres el mismo en cualquier lugar, momento, condición y actividad y todo lo que haces lo debes hacer para el Señor (Colosense 3:23-24).

La frase «ir a la iglesia» nos hace pensar que es un destino para visitar, un buen lugar para pasar un rato ciertos días de la semana. En cambio, decir «ser la iglesia» nos hace saber que somos parte y no dejamos de serlo jamás, sin importar dónde o con quién estemos.

Mira este texto de tu Biblia....

«Dios fue el que hizo el mundo y cuanto en él existe y, por cuanto es Señor del cielo y de la tierra, no habita en templos que el hombre construya, ni necesita que los seres humanos satisfagan sus necesidades, porque él es el que da vida y aliento a todas las cosas. De un solo hombre creó a la humanidad, y luego distribuyó las naciones sobre la faz de la tierra, tras decidir de antemano cuándo y cuáles serían sus fronteras. En todo esto, el propósito de Dios era que las naciones lo buscaran y, quizás palpando, descubrieran el camino donde se le pudiera hallar. Pero él no está lejos de ninguno de nosotros, porque en él vivimos, nos movemos y existimos. Como uno de los poetas de ustedes dijo: Somos de la familia de Dios».

Hechos 17:24–28

Dios no está en los templos, pero siempre está en la Iglesia.

A muchos les cuesta entender esta frase pues consideran que templo es un sinónimo de iglesia, pero no es así. ¡La Iglesia somos nosotros! Lo que dice el versículo 28 es contundente: en Él vivimos, nos movemos y existimos. Y porque Él habita en nosotros, somos su familia.

DIOS NO ESTÁ EN LOS TEMPLOS, PERO SIEMPRE ESTÁ EN LA IGLESIA

Nos reunimos en templos, sí, pero Dios no está allí por el lugar, sino por nosotros, su Iglesia. Un discípulo verdadero jamás deja de ser Iglesia y precisamente por eso está consciente de que debe ser parte activa de las reuniones; sabe cuán importante es la vida en comunidad, es parte del cuerpo, se relaciona con otros y sirve a Dios con sus dones y talentos. Pero su misión no termina allí. El discípulo mira en su interior, se examina periódicamente y rinde cuentas a su discipulador en base a los pasos de crecimiento que ha dado. Por eso, aunque participa de las reuniones, **un discípulo no depende de la reunión para crecer y cumplir aquello que Cristo le ha encomendado.**

«Asistir» a una congregación no te exige ser un discípulo, pero SER PARTE de una comunidad de seguidores de Jesús te obliga a ser un discípulo donde quiera que estés, ¡y además te obliga a cumplir con la misión de formar otros discípulos! No importa a qué comunidad de creyentes pertenezcas, la misión sigue siendo la misma, y tú sigues siendo parte de la Iglesia global. Todos estamos unidos en una misma fe, propósito y misión.

Esta perspectiva nace de comprender que la Iglesia no es un lugar delimitado a un espacio físico, sino que se trata de un organismo vivo y, como tal, debe crecer integralmente, así como también reproducirse, multiplicarse y expandirse. Si esto no sucede, es porque algo no estamos haciendo bien...

Recuerda que el hecho de tan solo *ser* un discípulo de Jesús no es el plan de Dios completo para ti. Hace falta también *hacer* discípulos, modelar en otros el carácter de Cristo, acompañarlos a vivir este proceso, y alentarlos a reproducirse en otros más.

ALGUNOS CAMBIOS DE PARADIGMA:

- No asisto a una iglesia, SOY la Iglesia.

- El edificio donde nos reunimos NO es la Iglesia, es un templo.

- La Iglesia no es un lugar estático, es un organismo VIVO.

- La Iglesia está formada por los hijos de Dios, dondequiera que estos se reúnan. En un auditorio enorme, en un parque, o en una casa, dondequiera que estén los hijos de Dios, allí está la Iglesia.

IMPLEMENTA IDEAS QUE CAMBIEN LA CULTURA:

- Pega carteles en el templo con frases que ayuden a todos a cambiar su mentalidad respecto de «ir a la iglesia» a «ser la Iglesia».

- Intenta repetir varias veces esas frases en las reuniones hasta que los conceptos se vuelvan parte del lenguaje habitual.

- Trabaja con todos los miembros y voluntarios del ministerio para que en las clases, las reuniones de grupos pequeños, y aun en las consejerías individuales se hable con claridad que todo lo que hacemos los cristianos todos los días tiene que ver con la iglesia.

ENSEÑANZA Y DISCIPULADO NO SON LO MISMO

«Una comprensión cristiana del mundo ve el carácter de las nuevas generaciones no tan determinado genéticamente, sino moldeado en gran medida por el discipulado y la disciplina de sus modelos».

Russell D. Moore

Es fácil mezclar estas palabras porque la enseñanza es parte del discipulado pero es fundamental diferenciarlas. Si bien el discipulado se vale de la enseñanza, la sola enseñanza no hace discípulos.

La realidad práctica de los cristianos de hoy es que estamos bombardeados por una cantidad enorme de información, mensajes y enseñanzas de diversos tipos en las redes. Tenemos de todo, e idolatramos a los que «hablan mejor» y tienen redes sociales populares pero... ¿de qué manera estamos haciendo discípulos? Obviamente no queremos cuestionar a alguien pero es bueno tener en claro que hablar bien por un rato en un video o un púlpito no es lo mismo que hacer lo que Jesús sí nos encargó. Discipular es más que hablar lindo.

Quizás la clave está en no quedarse en la parte discursiva de la comunicación. Ambos autores de este libro trabajamos en este material porque queremos ayudarte a incluir desafíos personales en tu enseñanza en ese proceso intencional que estamos llamando discipulado.

Los retos personales o colectivos para poner en práctica lo aprendido, supervisados en una relación que optimiza resultados, son realmente vitales.

Reflexiona con tu equipo en estas diferencias entre enseñanza y discipulado:

ENSEÑANZA	DISCIPULADO
Transmite conocimientos.	Transmite una cultura.
Se limita a las clases, y no exige mucha relación con el maestro.	Apunta al acompañamiento y exige una relación con el discipulador.
Se basa en saber lo que dice la Biblia o la teología.	Se basa en practicar lo que la Biblia dice.
Te lleva a un mayor conocimiento.	Te lleva a la madurez en Cristo.
Es un momento o etapa corta apuntado a terminar un programa.	Es un proceso apuntado al carácter.

Si prestas atención al cuadro anterior podrás observar que **el discipulado conlleva mucho más esfuerzo y tiempo que la enseñanza.** Los maestros, entonces, son una parte clave del proceso, pero **si en verdad quieres discipular a otros vas a tener que movilizarte a un nuevo nivel de compromiso y relación.** El proceso puede iniciarse con la enseñanza, pero no termina allí.

QUIEN EJERCITA EL PROCESO INTENCIONAL DEL DISCIPULADO ASUME RASGOS DE PATERNIDAD ESPIRITUAL

¿Puedes entonces ser un maestro y no estar haciendo discípulos? Sí. Cuando limitas la enseñanza a la impartición de información, allí la Palabra se vuelve letra muerta y el conformismo impide que la verdad de Dios sea real y viva en la vida de la persona.

Cuando entiendas esto y cambies tu forma de enseñar, entonces todo lo que enseñes traerá mayor fruto, pues apuntará hacia el objetivo de hacer discípulos y no de crear clones que sepan todo lo que tú ya sabes. Y, al final del camino, estamos seguros de que serás enseñado por cada discípulo tú también, ¡pues nunca habrás dejado de ser uno!

Alguien que discipula es más que un maestro. Poco a poco se va convirtiendo en un ejemplo de vida, una consejera, un entrenador y una amiga. Quien ejercita el proceso intencional del discipulado asume rasgos de paternidad espiritual ya que asigna identidad, provee y protege.

ALGUNOS CAMBIOS DE PARADIGMA:

- La enseñanza no es el «todo» del discipulado.

- La fuerza motora del discipulado no es el conocimiento, sino la relación.

- Saber de la Biblia no trae madurez; practicarla sí.

IMPLEMENTA IDEAS QUE CAMBIEN LA CULTURA:

- Empieza a diferenciar las clases bíblicas de los procesos de discipulado.

- Instruye a todos los involucrados (líderes, voluntarios y participantes) para entender la diferencia.

- Identifica a aquellos en tu congregación que pueden ser discipuladores y entrénalos con esta guía.

- Que toda clase apunte a cambios de acción que serán supervisados en una relación.

PRINCIPIO 3

CADA DISCÍPULO ES DIFERENTE

«Dios creó a las personas con una amplia variedad de intereses y habilidades. Ha llamado a personas de todas las razas y colores que han sido lastimadas por la vida de todas las formas imaginables. Incluso las cicatrices de abusos y lesiones en el pasado pueden ser el medio de llevar la curación a otro. ¡Qué maravillosas oportunidades para hacer discípulos!».

Charles R. Swindoll

La filosofía griega que heredamos del imperio romano instaló en occidente la idea no muy asusta de que la educación se debe parecer a un embudo en el que todos entramos distintos para luego salir todos iguales, y algunos sin saberlo han pretendido este tipo de acercamiento para el discipulado y la Iglesia.

Por ese motivo, los programas se crean con la expectativa de que todo creyente pueda repetir y hacer lo mismo que los otros cristianos. Sin embargo, hoy tenemos en claro que todos somos iguales en lo esencial pero que somos distintos y eso es bueno y hay que traerlo al discipulado. Cada discípulo es diferente, tiene necesidades específicas y lucha con cosas que otros no. Sus debilidades y fortalezas son únicas, y no es posible crear un patrón que pueda servir a todos por igual. A su vez, aquel que discipula está consciente de sus propias debilidades para depender

CADA DISCÍPULO ES DIFERENTE, TIENE NECESIDADES ESPECÍFICAS Y LUCHA CON COSAS QUE OTROS NO

más de Cristo, y asume sus fortalezas para ser impartidas a sus seguidores, todo completamente guiado por el Espíritu de Dios.

Es por este motivo que el discipulado es, necesariamente, más personal que grupal. Lo grupal y lo individual deben ser dos caras complementarias porque no es uno o lo otro sino ambas cosas, porque hay verdades que se aprenden mejor comunalmente y ciertas otras que deben ser cara a cara en la intimidad de dos personas. El desafío es que casi todos los programas de las iglesias son grupales y hay poco acercamiento individualizado y por eso es tan vital recordar que las **conversaciones íntimas, los encuentros personales y los retos individuales son una marca de un discipulado genuino.**

Algunas ideas para discipular de forma personal:

- No mires números, mira personas.

- Crea oportunidades que vayan fuera de una clase.

- Crea intimidad intencional sin esperar a que surja de forma natural.

- Entérate de las cosas que a cada discípulo le interesan.

- Si quieres una relación genuina, sé auténtico.

- Trabaja más con los que están mejor dispuestos.

- Enséñales a rendir cuentas de su vida. Es importante.

- Aplaude sus éxitos, consuela sus tropiezos.

- Trabaja sobre acciones específicas.

- Ayúdales a fijarse metas personales.

- Ayúdales a depender de la guía del Espíritu Santo.

Estos consejos tendrán leves variaciones si estás discipulando niños, preadolescentes, adolescentes o jóvenes. Ya verás que el principio que viene más adelante te ayudará a enfocarte mejor en cada edad. Sin embargo, debes saber que no existe ninguna limitación de edad para que alguien se convierta en un discípulo.

ALGUNOS CAMBIOS DE PARADIGMA:

- Para Dios todos somos iguales, pero también somos diferentes.

- El discipulado siempre llega a una instancia personal.

- Las reuniones semanales no discipulan, la relación sí.

- Fuimos creados a imagen y semejanza de un Dios multiforme.

IMPLEMENTA IDEAS QUE CAMBIEN LA CULTURA:

- Conoce las diferencias individuales de las personas que tienes en un grupo de discipulado.

- Advierte intencionalmente qué paradigma es importante para transferirles el valor.

- Ayuda a las personas a las que discipulas a conocerse mejor.

- Crea una conciencia de inclusión e integración en los miembros de tus proyectos.

- Modela un acercamiento pastoral personalizado.

EL DISCIPULADO NO ES PARA UNA EDAD ESPECÍFICA

«Jesús pasó tiempo y tuvo relaciones cercanas y personales con sus discípulos.

¿Tenemos relaciones personales con las nuevas generaciones en nuestras iglesias?».

La Verne Tolbert

Pareciera ser que la conciencia general de muchas congregaciones reclama que discipulemos «en serio» a los adultos, mientras que los niños, preadolescentes, adolescentes y jóvenes pueden esperar, y este es un error estratégico de consecuencias nefastas. De hecho, cuando se trata de transmitir cultura, la mejor edad es la más temprana. Cuando trabajes con adultos encontrarás que es un poco más difícil cambiar algo que han hecho de una determinada manera durante toda su vida. En cambio, los más pequeños son moldeables, enseñables, y adaptables. Saben que no saben y eso es bueno.

Si tienes una posición de influencia con las nuevas generaciones, Dios te ha tenido en alta estima.

Ahora bien, no es lo mismo trabajar con niños que trabajar con jóvenes así que aquí van a

CUANDO SE TRATA DE TRANSMITIR CULTURA, LA MEJOR EDAD ES LA MÁS TEMPRANA

algunas recomendaciones que corresponden a las 4 arenas básicas del trabajo de una visión inteligente de pastoral generacional.

PARA EL DISCIPULADO DE NIÑOS:

- Trabaja íntimamente con los padres. Ellos son los líderes y discipuladores naturales que Dios les dio. Discipular a los niños es cooperar con sus padres.

- Ayuda a los niños a compartir sus pasos de crecimiento en el contexto de su familia.

- Usa las inteligencias múltiples, así el proceso de formación será integral y llegará a todos. (Si quieres saber más acerca de Inteligencias Múltiples aprovecha el curso en el Instituto online de e625).

PARA EL DISCIPULADO DE PREADOLESCENTES:

- Es la etapa en donde comenzamos a ver el mundo más allá del hogar y con la llegada del pensamiento abstracto comenzamos a cuestionar la validez de lo que aprendimos en la niñez y por eso la enseñanza debe pasar de los datos concretos a los principios abstractos.

- En esta etapa también es crucial colaborar con sus padres porque en ella tienen su última gran oportunidad de definir algunos valores y hábitos en sus hijos que, a partir de la siguiente, van a ser mucho más difíciles de inculcar.

- La relación con sus líderes y maestros ahora debe ser más personal. Necesitan modelos y es muy posible que los modelos que tengan en esta etapa lo serán de manera inconsciente por el resto de sus vidas.

PARA EL DISCIPULADO DE ADOLESCENTES:

- La relación de los chicos y chicas con sus padres es siempre importante, pero la relación con sus amigos a esta edad es clave. El discipulado comunal tiene más sentido en esta etapa que en ninguna otra.

- Por naturaleza en la adolescencia todos cuestionamos nuestro marco familiar y los líderes no debemos tirar más leña al fuego sino ayudarles a hacer esa evaluación de manera positiva.

- Prepárate para hablar con ellos sobre sentimientos y emociones. Su vida durante esta etapa va a ser un carrusel de altibajos en el área emocional y necesitarán alguien maduro, y por lo tanto estable, que los acompañe.

PARA EL DISCIPULADO DE JÓVENES:

- Así como en la etapa anterior el discipulado comunal es vital, en esta pasamos a la etapa crucial para el discipulado personal. La palabra mentor se hace más importante que nunca porque eso es lo que necesitan y deberás aprender a hacer preguntas difíciles, incluso las más íntimas.

- Preséntales opciones a los jóvenes sin darles órdenes y, sobre todo, sin tomar decisiones por ellos. Enséñales a tomar sus decisiones en base a la Palabra de Dios. El coaching es una buena disciplina para sumar a tus habilidades y en el Instituto online de e625.com también tienes un curso fundacional de coaching generacional.

- Esta es la etapa de elegir una profesión, una pareja para casarse, planificar su futuro, y descubrir su propósito de vida o incluso un llamamiento ministerial, y los temas de conversación del discipulado tienen que aterrizarse en estos dilemas.

ALGUNOS CAMBIOS DE PARADIGMA:

- La edad no es una limitante para hacer discípulos pero sí hay que hacer adaptaciones pertinentes según la etapa.

- Discipular a los adultos **no** es más valioso que discipular a los más pequeños.

- Transmitir una cultura requiere tiempo, enfoque y esfuerzo.

IMPLEMENTA IDEAS QUE CAMBIEN LA CULTURA:

- Trabaja una visión de *Liderazgo Generacional*[1]. (Si no leíste este libro tienes que hacerlo cuanto antes). Reúne a todas las áreas de tu congregación que estén dedicadas a las nuevas generaciones y suma a los ministerios de adultos planificando una actividad conjunta con el foco de que el discipulado de nuevas generaciones sea una prioridad para toda tu iglesia, así como fue encargado por Dios en Deuteronomio 6. Verás que de vez en cuando es bueno que se escuchen las cabezas y corazones de todos para coordinar esfuerzos.

- Organiza las cosas de manera que las nuevas generaciones por etapa dirijan una reunión en alguno o varios momentos del año. Dales responsabilidades a los preadolescentes, anima a los adolescentes a ser ejemplo para los más pequeños, entrena a los jóvenes para modelar conductas en los adolescentes y provee ejemplos de madurez para dar pasos firmes hacia la siguiente etapa en la que se encuentren.

---

1. Lucas Leys. *Liderazgo Generacional.* Editorial e625. Dallas, Texas. 2017

EL DISCIPULADO SUCEDE EN PROCESOS

«Cuando la iglesia se convierte en un fin en sí misma, termina. Cuando cualquier ministerio, por grandioso que sea, se convierte en un fin en sí mismo, termina. Lo que necesitamos es que el discipulado se convierta en la meta, y entonces el proceso de conversión y santificación nunca terminará».

Robby Gallaty

Cuando hablamos de discipular a otros debemos pensar en cómo llevar a los discípulos de un lugar a otro en su madurez. Se trata de ir desde *aquí* hasta *allá*, y para eso se requiere trazar una ruta que marque los pasos de ese crecimiento sostenido que buscamos y entender que hay pasos intermedios en el camino. Cuando entendemos esto mejor, le bajamos el volumen a nuestra valoración de los eventos y le ponemos más cuidado a una visión progresiva de procesos.

Una cosa es aprender un principio y otra diferente es vivirlo. Lo primero es un acto intelectual, algo que se puede recibir en una clase. Pero para llevar un principio a la práctica se requiere decisión, esfuerzo y el cumplimiento de metas que nos ayuden a que este principio pase a formar parte de nuestra cultura, de nuestra forma de vida.

LE BAJAMOS EL VOLUMEN A NUESTRA VALORACIÓN DE LOS EVENTOS Y LE PONEMOS MÁS CUIDADO A UNA VISIÓN PROGRESIVA DE PROCESOS

Por eso, alguien que decide discipular no puede conformarse con enseñar principios, pues eso es apenas la primera parte. Es necesario que esos principios sean parte de la cultura del discipulador, para que pueda transmitirlos de manera tal que pasen a ser parte de la cultura del que es discipulado.

Se trata de un estilo de vida que debe surgir de forma natural y no forzada.

EL PENTÁGONO DEL APRENDIZAJE APLICADO AL DISCIPULADO

En el libro *Liderazgo Generacional*[1] se describe la necesidad de mejorar los métodos de enseñanza desde un matiz relacional con el siguiente pentágono:

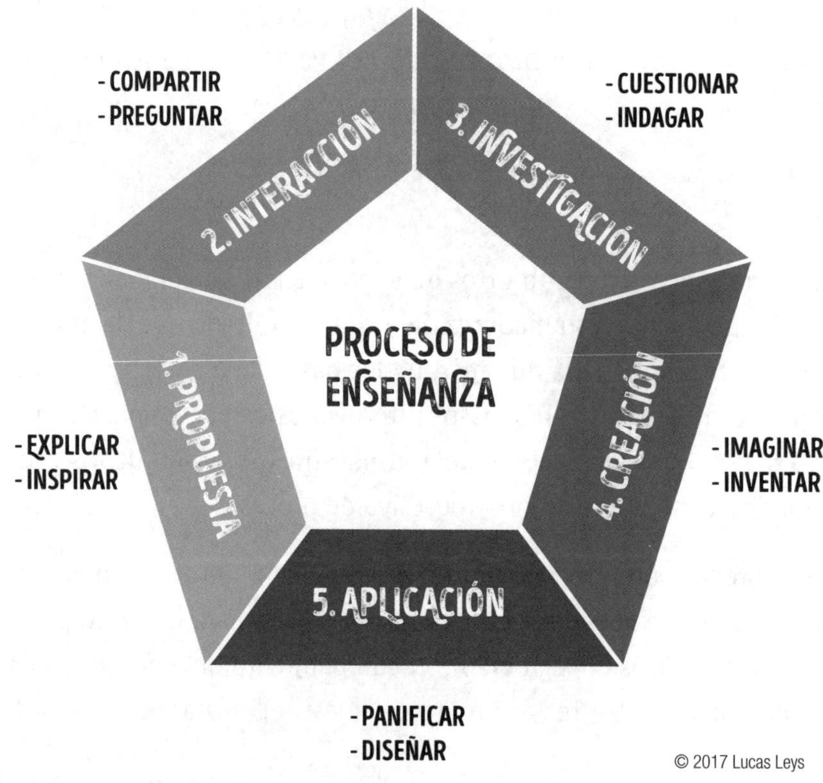

---

1. Lucas Leys. *Liderazgo Generacional*. Editorial e625. Dallas, Texas. 2017. Pág. 148

Cada uno de los lados del pentágono marca una dimensión del accionar que los discipuladores debemos observar. Si lo analizas bien, comprenderás la necesidad de formar discípulos a través de procesos, en lugar de simplemente tener alumnos en una clase.

Aquí te mostramos un ejemplo de cómo funciona este proceso:

1. PROPUESTA: Elegir un aspecto del carácter de Cristo.

2. INTERACCIÓN: Explorar las diferentes apreciaciones sobre el tema.

3. INVESTIGACIÓN: Buscar lo que la Biblia dice al respecto.

4. CREACIÓN: Crear un método para ponerlo en práctica.

5. APLICACIÓN: Vivirlo en carne propia y rendir cuentas de ello.

Un proceso puede estar enfocado en un área específica de la vida del discípulo, en una temática concreta, en un aspecto del carácter, etc., por lo que de la misma forma puedes ir creando diferentes propuestas de procesos que se adapten a los principios de este pentágono. Nada es rígido. Por el contrario, todo es adaptable y mejorable al 100% y puedes leer más en el libro mencionado y escuchar una conferencia cuando pasemos por tu ciudad.

Aunque este libro propone un proyecto corto, es tan solo una herramienta para encaminar un proceso a largo plazo cuya meta final es formar el carácter de Cristo en la vida del creyente, y eso dependerá de la relación entre el discipulador y el discípulo, y de lo dispuestos que ambos estén para ser formados a lo largo de este proceso.

ALGUNOS CAMBIOS DE PARADIGMA:

- El discipulado no es un discurso proposicional sino un proceso de internalización de verdades que respeta las distintas aptitudes de nuestro cerebro para aprender.

- El predicador comparte un monólogo, el maestro imparte una clase, el discipulador acompaña procesos.

- La relación entre discipuladores y discípulos es la naturaleza misma del discipulado.

IMPLEMENTA IDEAS QUE CAMBIEN LA CULTURA:

- Acostúmbrate a crear procesos. Las predicaciones y clases sueltas resuelven muy poco en la comprensión de las personas. Usa series, lecciones inductivas de larga duración y distintas instancias para que distintas personas internalicen los contenidos de lo que quieres que se practique.

- El llamado no fue a hacer reuniones donde nos paramos para cantar y luego escuchamos un discurso. Piensa fuera del templo, del aula y del discurso.

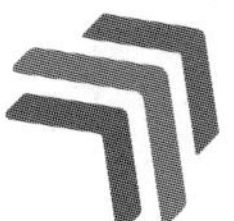

ACOMPAÑAMIENTO Y MENTOREO

«Creo en el poder transformador del Espíritu de Dios y que Jesús puede ser formado en la vida de las nuevas generaciones. Trabajo desde su realidad, no desde la ficción».

Félix Ortiz

Según lo que podemos notar en el Nuevo Testamento, el apóstol Pablo llegaba a una ciudad, predicaba y después continuaba trabajando con algunos creyentes selectos hasta formar en ellos el carácter de Cristo para que luego ellos hicieran lo mismo con otros. Cuando era el tiempo, salía de allí pero no se desconectaba de ellos: seguía dándoles instrucciones a través de sus escritos.

Si estamos hablando de relaciones y procesos tenemos que plantear el desarrollo de las relaciones en fases o etapas y por eso es bueno incluir la palabra proyecto. Si queremos formar discípulos con madurez, que reflejen verdaderamente el carácter de Cristo, debemos formar los atributos de Cristo primero en nosotros y luego ir desarrollando cada uno de los aspectos de nuestros compromisos personales modelándolos a otras vidas. Pablo decía: «Sean imitadores de mí, así como yo lo soy de Cristo» y esto puede tomar años aunque a la vez, es recomendable plantarlo con fases y tiempos para luego soltar a los discípulos para que vayan y ellos repitan el proceso con otros.

LA MAYOR RIQUEZA DEL DISCIPULADO ESTÁ EN LA RELACIÓN

La relación con tus discipulados puede durar toda la vida, e incluso quizás te perciban como una referencia espiritual, pero eso no significa necesariamente que los roles son eternos y que no van a avanzar, por eso el punto es acompañarlos en esta etapa para ayudarles a dar los pasos de maduración que necesitan dar en este periodo en el que se encuentran. Este «estar en contacto» puede valerse de herramientas digitales como video chats, redes y herramientas similares pero el punto es mentorear, es decir, modelar para transferir ciertas enseñanzas vitales que deben aprender en una etapa de la vida.

Mira lo que dice el libro de Éxodo acerca de la relación de Dios con Moisés. Aunque Moisés no pudo mirar directamente el rostro de Dios, pues hubiera caído muerto, su encuentro personal con el Eterno produjo en él un peso de gloria que los demás no pudieron dejar de reconocer.

> *«En la tienda de reunión, el Señor le hablaba a Moisés cara a cara, como un hombre habla con su amigo. Después Moisés regresaba al campamento, pero el joven que le ayudaba, Josué hijo de Nun, nunca se alejaba de la Tienda de reunión».*
> **Éxodo 33:11**

Es decir que la cercanía con un buen modelo tiene un impacto que tarde o temprano todos van a notar. Moisés fue discipulado por Dios, así como todos nosotros podemos serlo. Ese proceso está basado en la relación que alcancemos con Él. De la misma forma, todos podemos acompañar a otro en su proceso de crecimiento.

ALGUNOS CAMBIOS DE PARADIGMA:

- No hay discipulado sin acompañamiento.

- La mayor riqueza del discipulado está en la relación.

- La relación de discipulado puede ser hasta la muerte, aunque suele cambiar de roles según las etapas de la vida.

IMPLEMENTA IDEAS QUE CAMBIEN LA CULTURA:

- Tómate un tiempo personal con cada persona que tengas en un grupo de discipulado.

- Deja que las personas de tu grupo conozcan aspectos de tu vida que están fuera de una clase semanal.

- Que desde temprano tengan en mente que un día ellos deberán hacer lo mismo con otros. Así el cambio no se quedará solo en tu esfuerzo, ya que la responsabilidad de hacer discípulos es de todos los creyentes.

- Crea proyectos para etapas específicas con resultados precisos.

PRINCIPIO 7

INVOLUCRAMIENTO DE LOS PADRES

«Los cristianos disciplinamos a nuestros hijos no para que nos hagan felices, sino para que sirvan a Cristo como adultos. Los educamos no para que puedan tener un buen trabajo, sino para que sean el mejor seguidor de Jesús que puedan ser».

Chap Bettis

Todos los padres cristianos están involucrados en el discipulado de sus hijos aunque no lo sepan o no sean intencionales al respecto, y el trabajo de los líderes de cada iglesia es asegurarnos de que se enteren y ayudarlos para que sean intencionales en hacerlo mejor.

Conforme los hijos van creciendo, su capacidad y necesidad de relacionarse con otros modelos también crece y ahí es donde entramos nosotros, pero no como algo paralelo a la familia sino sumando fuerzas de manera colaborativa. El punto es que una constante interacción entre el liderazgo y los padres llega mucho más lejos de lo que sospechamos. El rol de los padres decrece conforme los hijos crecen y es necesario que esto suceda, pues de lo contrario, jamás podrían entregar hijos maduros que sirvan efectivamente al reino de los cielos, pero, otra vez,... este es un PROCESO lento, paciente y que podríamos llamar artesanal, y es por eso que los

TODOS LOS PADRES CRISTIANOS ESTÁN INVOLUCRADOS EN EL DISCIPULADO DE SUS HIJOS AUNQUE NO LO SEPAN

que trabajamos en el discipulado desde la perspectiva de la iglesia necesitamos alimentar una relación positiva también con los padres.

El rol de cada uno podría ir variando a lo largo del tiempo, de esta manera:

6 A 9

10 A 13

14 A 17

18 A 25

- Los niños son discipulados por sus padres.
- Los padres son el modelo más claro a seguir.
- Los líderes apoyan el liderazgo de los padres.
- El contacto con preadolescentes es vital.

- Los padres son un modelo importante, al igual que los líderes y maestros.
- Los padres deben conseguir otros adultos para apoyar su labor.
- El contacto con adolescentes positivos es vital.

- Los padres modelan.
- Los líderes son mentores.
- Los padres deben relacionarse con los amigos de sus hijos.
- El contacto con jóvenes que sean buenos modelos es vital.

- Los padres y líderes delegan autonomia
- Los lideres deben ser mentores de vida y coaches en decisiones especificas.
- El contacto con matrimonios jóvenes de buen testimonio es vital.

ALGUNOS CAMBIOS DE PARADIGMAS:

- La función de los padres va cambiando conforme avanzan las edades.

- Los líderes sin los padres no pueden llegar demasiado lejos.

- Los padres deben aprender a apoyarse en los líderes.

IMPLEMENTA IDEAS QUE CAMBIEN LA CULTURA:

- Establece un buen ritmo de reuniones con los padres según la edad de tu público.

- Promueve reuniones de padres e hijos más seguido. La interacción que eso produce rescata el diseño de Dios para la Iglesia.

- Como discipulador, debes pensar siempre en cada discípulo dentro de un contexto familiar. Siempre habrá gente cercana que puede ser una buena influencia para el desarrollo de aquel a quien estás discipulando.

- Que los padres no cristianos se enteren que la iglesia está para servirlos a ayudarles en su paternidad.

EL PRINCIPIO DEL ESPEJO

«El discipulado es el proceso de convertirte en quien sería Jesús si él fueras tú».

Dallas Willard

El apóstol Juan puso este principio en claro: *«El que afirma que está unido a Dios, debe vivir como Jesucristo vivió». (***1 Juan 2:6***)*

El primer gran compromiso de quienes nos entregamos al proyecto del discipulado es reflejar a Cristo en todo: su carácter, pasión, decisión, voluntad y transparencia. Por eso se dice que nadie puede discipular si primero no es un discípulo. Aquel que está dispuesto a ser un discípulo intenta parecerse cada día más a Jesús puesto que Él vino, a su vez, a reflejar al Padre. Como dice Pablo, Cristo es la imagen del Dios invisible (Colosenses 1:15).

El segundo gran compromiso es contagiar a otro a parecerse también a Jesús y por esta razón tenemos una responsabilidad emocionante y descomunal que en ocasiones nos puede intimidar, por lo cual también debemos aprender de Jesús su dependencia de Dios. En Juan 15:15 lo encontramos diciendo: «Yo soy la vid y ustedes son las ramas. El que está unido a mí, como yo estoy unido a él, dará mucho fruto. Si están separados de mí no pueden hacer nada.»

Qué bueno saber que tenemos un Dios grande y poderoso y que renueva por nosotros su misericordia continuamente porque la necesitaremos en este proceso. Si dependemos de Él en el proyecto del discipulado, ¡seguro tendremos éxito!

Si lo piensas bien, verás que la creación tiene ese diseño. Todo aquello que Dios creó tiene su sello de propiedad. Todo se parece a Él. Todo fue hecho por Él, por medio de Él, y para Él. El Génesis relata la historia de la creación del ser humano diciendo que fue hecho «a imagen y semejanza de Dios». Es decir, fue creado como un espejo que lo refleja a Él y partir de este principio podríamos diseñar un proceso de discipulado de la siguiente manera:

1. Conozco un aspecto del carácter de Cristo. Por ejemplo: el amor.

2. Anhelo parecerme a Él en ese aspecto.

3. Dejo de amar a mi manera, para comenzar a amar como Él amó.

4. Batallo contra los argumentos que me impidan amar como Él amó.

5. Vivo y practico su amor.

6. Enseño a otros a amar como Él.

7. Luego elijo otro aspecto del carácter de Cristo para imitar... y así vuelve a comenzar todo el proceso.

De esta manera, el proceso de discipulado durará, en realidad, toda la vida porque en cada aspecto podemos encontrar una nueva profundidad en la siguiente etapa y qué bueno poder trabajarla con quienes tengamos a cargo.

ALGUNOS CAMBIOS DE PARADIGMA:

- Reflejar a Jesús en nuestra propia vida es más importante que dar un buen sermón o clase acerca de Jesús. Eso significa morir a mí mismo para que Él viva en mí.

- Toda la creación fue hecha a imagen de Dios y debemos y podemos recuperar ese diseño.

- Reflejar a Cristo no es un sentimiento o un dicho romántico para una linda canción sino una acción concreta en la que modelas su carácter.

IMPLEMENTA IDEAS QUE CAMBIEN LA CULTURA:

- Elije aspectos específicos del carácter de Jesús para reflejar, comprender y desarrollar.

- Elabora un plan progresivo y ordenado de enseñanza. Coloca carteles que digan algo como: «Este es el mes del amor». Puedes usar videos e imágenes con este fin, y pueden darse testimonios sobre experiencias de dar y recibir amor, así todos los involucrados en el proyecto de discipulado tienen en claro el objetivo tangible que se está trabajando.

> **REFLEJAR A CRISTO NO ES UN SENTIMIENTO O UN DICHO ROMÁNTICO PARA UNA LINDA CANCIÓN SINO UNA ACCIÓN CONCRETA EN LA QUE MODELAS SU CARÁCTER**

ACTIVIDADES CON PROPÓSITO

«Recrearnos no es un lujo, es una necesidad de todo seguidor de Jesús para poder continuar siendo agentes de restauración y reconciliación en un mundo roto».

Félix Ortiz

Cuando salimos mentalmente del templo, el aula y la liturgia nuestro panorama se amplía al punto que encontramos nuevos escenarios y posibilidades para lograr el gran propósito del discipulado, que es que la gente que afectamos se parezca más a Jesús.

Para los mejores discipuladores todo se realiza con un propósito, tanto las relaciones y conversaciones espontaneas en cada oportunidad disponible, como los buenos programas que faciliten la internalización de las conductas deseadas.

Algunas de estas actividades serán para fortalecer la relación personal o de un grupo pequeño. En cambio, otras deberán incluir a la comunidad. Así es como les enseñamos a los niños, preadolescentes, adolescentes y jóvenes a ser un cuerpo. Allí se pondrán en evidencia también los problemas del carácter y aprenderán a apoyarse unos a otros. Entonces, los discipuladores estarán pendientes de las reacciones de los discípulos para seguir formando a Cristo en ellos, y también los discípulos tendrán el ojo puesto en sus discipuladores para imitarles. En esas situaciones te darás cuenta de que ellos te miran más de lo que imaginas.

Recuerda que no se trata de ideas creativas para que sean creativas, o actividades espectaculares con el afán de que sean espectaculares. Desde el punto de vista

PIDÁMOSLE A DIOS SABIDURÍA PARA LOGRAR QUE CADA ACTIVIDAD SE ALINEE A SUS INTENCIONES PARA NUESTROS MINISTERIOS

del discipulado, aun la espectacularidad de un programa es sencillamente como herramienta pedagógica (y no para que te luzcas). Los objetivos de fondo son favorecer convivencia, crear interés y facilitar lecciones prácticas en las que modelar principios.

Piensa en todas estas actividades desde las perspectivas del propósito del discipulado y les encontrarás una nueva dimensión:

- Una caminata al aire libre

- Practicar un deporte

- Subir una montaña

- Nadar juntos

- Plantar o cuidar una planta o árbol

- Leer un libro

- Visitar enfermos, ancianos o huérfanos

- Ver una película

- Ir al teatro, circo, danza, etc.

- Realizar un proyecto de carpintería

- Tocar o cantar una canción que puedan analizar juntos

- Visitar a un familiar

Las posibilidades son ilimitadas.

Pidámosle a Dios sabiduría para lograr que cada actividad se alinee a sus intenciones para nuestros ministerios.

ALGUNOS CAMBIOS DE PARADIGMAS:

- La recreación, el juego y la convivencia son excelentes herramientas ministeriales cuando se hacen con propósito.

- Las actividades planificadas fuera del templo son tan ricas y necesarias como las que suceden dentro.

- El discipulado no se reduce a que escuchen sino que debemos lograr que vean y hagan y por eso es necesario crear estas instancias con nuestros programas.

IMPLEMENTA IDEAS QUE CAMBIEN LA CULTURA:

- Planifica a largo plazo y comparte el plan con todos los que puedas.

- Presenta un informe público de todas las actividades que realices fuera del templo. Siempre es mejor cuando todos se van enterando de las riquezas que se consiguen en el discipulado personal.

- Transmíteles con insistencia a todos los involucrados en tu ministerio la idea de que tu misión no es que escuchen una proposición bíblica en silencio y digan amén. Promueve una cultura de convivencia, acciones y experiencias y no solamente de sermones y clases.

EL LLAMADO ES PARA TODOS

«El discipulado no es una opción».

Tim Keller

Pensar que solo los pastores tienen el llamado de discipular a otros es una tontería. La gran comisión de ir y hacer discípulos (Mateo 28:16-20, Marcos 16.14-18, Lucas 24.36-49 y Juan 20.19-23) fue dada a todos los discípulos.

Si reconocemos a Jesús como nuestro salvador y Señor entonces tenemos un llamado al discipulado.

Todos los cristianos debemos discipular, y hacerlo es uno de los regalos más tremendos que podemos hacerle a nuestro crecimiento porque todos aprendemos enseñando. Todos hemos recibido algo que podemos dar y hemos aprendido algo que podemos enseñar. En el camino, algunos se llenan de temor, o de justificaciones, pensando que hay que prepararse mucho o que pueden cometer algún error, pero la noticia es que todos estamos en proceso de aprendizaje porque nunca dejamos de ser discípulos, y claro que vamos a cometer errores. Eso no es ni una novedad ni una tragedia.

Si Cristo confía en nosotros para esta tarea, debe ser porque podemos hacerlo.

Si la iglesia continúa con el pensamiento de que un sermón es suficiente para hacer discípulos, entonces seguiremos viendo pastores agotados y continuaremos convirtiendo a los buenos predicadores en celebridades porque hablan bien aunque no consigan lo que Dios quiere que consigamos. Dios quiere discípulos y no personas

SI RECONOCEMOS A JESÚS COMO NUESTRO SALVADOR Y SEÑOR ENTONCES TENEMOS UN LLAMADO AL DISCIPULADO

con buena moral y algo de conocimiento bíblico que se porten como cristianos en un templo el fin de semana.

Discípulos.

Los sermones, los cantos y el templo son herramientas y no objetivos y cuando son bien usados ayudan a que produzcamos… discípulos de Jesús. Y qué gran noticia es que hay otras herramientas y mecanismos modelados por el mismo Jesús para lograrlo.

Y ahí aparece la acción más importante de todas: modelar, ser modelo. Algo que los adultos y aún los jóvenes siempre hacemos para las nuevas generaciones aunque no seamos conscientes de que lo hacemos. Toda la propuesta del Liderazgo Generacional está ligada a esta realidad y nos invita a ser intencionales con ella. Todos los adultos cristianos están involucrados en el discipulado de los jóvenes aunque quizás sin saberlo. Los jóvenes están listos para discipular a los adolescentes porque ya les están modelando de qué se trata la siguiente etapa y los adolescentes, a su vez, están haciendo lo mismo con los preadolescentes y los preadolescentes son mirados por los niños. Es un proceso natural y es mucho más eficaz cuando somos conscientes y lo hacemos con devoción, astucia y fidelidad.

ALGUNOS CAMBIOS DE PARADIGMA:

- El discipulado es tarea de todos los hijos de Dios.

- Los pastores y líderes que no muevan a todos a discipular, tarde o temprano se agotarán o caerán en la superficialidad, o ambas cosas.

- El discipulado es algo que ya podemos estar haciendo sin darnos cuenta pero que podemos mejorar exponencialmente si lo comenzamos a hacer de manera intencional.

IMPLEMENTA IDEAS QUE CAMBIEN LA CULTURA:

- La importancia del discipulado debe comunicarse en privado y en público y continuamente.

- Delega autoridad y no solo trabajo en tu equipo de trabajo y voluntarios.

- Celebra lo que Dios celebra y no lo que ya celebra el mundo (como la fama, la afinación, la belleza o la elocuencia).

- Involucra en el ministerio y el discipulado a las nuevas generaciones a edad temprana. Ellos ya nos están mirando.

SECCIÓN 2

10 LECCIONES PARA DISCIPULAR JÓVENES

El discipulado es un llamado a una aventura emocionante. Es también un gran desafío: debemos lograr con todas nuestras fuerzas darles a los discípulos las herramientas necesarias para que nunca lleguen a estancarse en una inercia religiosa. Con esto en mente, las siguientes lecciones están diseñadas con una secuencia que llamaremos «CAMINA», ya que proponen una idea de movimiento.

La secuencia o modelo «CAMINA» obedece al proceso que puedes ver desarrollado en el siguiente acróstico:

 **C**onoce el entorno

 **A**prende conmigo

 **M**edita en un modelo

 **I**lumínate con la verdad

 **N**iégate a

 **A**cude al llamado

Como verás, cada acción que forma el acróstico nos conduce un paso hacia adelante en el proyecto del discipulado. El modelo «CAMINA» facilita un proceso de discipulado en el que tanto el maestro como el aprendiz son desafiados a crecer y madurar.

Estos son los detalles de cada paso:

1. **Conoce el entorno**. Tiene que ver con evaluar el contexto bíblico y el actual. Mirar lo que sucede alrededor nos da pautas para saber qué terreno estamos pisando y poder tomar decisiones adecuadas según ese contexto.

2. **Aprende conmigo**. Ofrece un conocimiento general del tema y crea la oportunidad para que el maestro haga una conexión emocional, ya sea contando un testimonio o explicando por qué cree que el tema es importante a nivel personal.

3. **Medita en un modelo**. Siempre hay protagonistas. Personas que, según el tema, serán analizadas y usadas como referencia. Alguien de quien podemos afirmar que tuvo éxito en el tema propuesto, para aprender de su ejemplo.

4. **Ilumínate con la verdad**. Aquí se coloca el fundamento en la Palabra de Dios. No es que antes no se haya situado allí, pues cada parte del material ha sido fruto de un análisis intencional de la Palabra de Dios, pero aquí se pondrá toda la atención en algunos textos de las Escrituras para llevar a los aprendices más profundo, y para llevarlos a la práctica.

5. **Niégate a**. No hay nada más sabio y precioso que hacer la voluntad de Dios, pero siempre hay un precio. Ese costo muchas veces incluye morir al egoísmo, al temor, a la comodidad, o a las opiniones de otros.

6. **Acude al llamado**. Esta última parte apunta al futuro, estableciendo pasos a dar más adelante y contemplando los retos o desafíos que el discipulador y el discípulo se plantearán para traer el cielo a la tierra.

Nota que esta secuencia puede servirte también para crear otros temas y lecciones o potenciar los otros materiales de e625.com a los que puedas acceder.

Quien lidera el discipulado (¡tú!) deberá estudiar la lección y profundizar en ella para luego determinar el tratamiento que quiere darle a cada paso. Algunos temas serán más candentes y otros más urgentes, dependiendo del contexto de los discípulos, así que algunas lecciones podrían durar una, dos, o tres semanas, según lo que tú o tu equipo y el Espíritu Santo establezcan.

Sí.

Será indispensable que cada discipulador camine en una relación estrecha con el Espíritu Santo para que pueda ser guiado por Él y así impactar a una nueva generación de discípulos.

ADVERTENCIA:

A partir de aquí asumimos que ya le brindaste una cuidadosa lectura a las recomendaciones de la Sección 1, y que todos los miembros de tu equipo pasaron por un entrenamiento táctico previo antes de iniciar las lecciones que comienzan a continuación.

Ya dejamos en claro que los padres son los primeros llamados a discipular a sus hijos, así que no es una mala idea de que comiences este material con un mini-entrenamiento para ellos también, o al menos con una presentación previa informándoles que compartirás las siguientes lecciones de este proyecto de discipulado con sus hijos.

Este proyecto intenta movilizar a más personas para que asuman el desafío de no seguir sentadas en una comodidad religiosa, sino que sean de ayuda a las generaciones que vienen detrás, dentro y fuera de las reuniones o los templos.

LECCIÓN 1

EL EVANGELIO ES CONTRACULTURAL

*«El mundo no es nuestro enemigo,
es nuestro campo de misión».*
Alex Sampedro (*Artesano*)

El evangelio nos obliga a ser contraculturales. Exige de nosotros que manifestemos un estilo de vida diferente a los parámetros habituales del mundo. Esta batalla hace sucumbir a muchos jóvenes, volviéndolos desertores de sus propias convicciones y convirtiéndolos en adeptos a la cultura que la sociedad les ofrece. ¡No podemos dejar que eso siga ocurriendo!

LA GRAN PREGUNTA QUE DEBEMOS RESPONDER CON ESTA LECCIÓN ES:

¿Cómo podemos seguir siendo creyentes fieles en un mundo que cuestiona la fe?

Vivir un evangelio contracultural no significa que estemos en contra del mundo que Dios ama, pero sí implica que tenemos una misión en lo que refiere a ese mundo: transformarlo. O, mejor dicho, devolverle el diseño perfecto con el que Dios lo ideó en el principio. Por otra parte, con lo que sí estamos en franca batalla es contra la cultura que aleja a Dios del pensamiento de la gente. **La cultura avanza hacia un mundo sin Dios, mientras que nosotros avanzamos con Dios para transformar la cultura del mundo.**

EL CRISTIANISMO DE TEMPLO NOS HIZO PERDER ESPACIO EN LA SOCIEDAD

El cristianismo de templo nos hizo perder espacio en la sociedad. Creamos burbujas imaginarias que no permiten salir al creyente a ser sal y luz como le corresponde, ni tampoco dejan al perdido entrar a recibir esa luz y ese sabor que tiene Jesús.

Las estadísticas revelan que una gran cantidad de jóvenes desertan de la iglesia al salir de la escuela secundaria. Parece ser que el mundo les da mejores respuestas que las que consiguen puertas adentro de la iglesia. David Kinnaman lo dice de esta manera en su libro *Me perdieron*:

«Hay una generación de cristianos jóvenes que creen que la iglesia en la cual se criaron no es un lugar seguro en el que puedan tener dudas razonables. Muchos de ellos han recibido de la iglesia respuestas prefabricadas y superficiales a sus preguntas escabrosas y honestas; y abiertamente están rechazando los discursos y opiniones que han visto en las generaciones más antiguas».

¡Es real! Competimos con el exceso de libertades que el mundo les ofrece, y las pocas respuestas que les damos no les resultan suficientes para mantenerse firmes. Sin embargo, no todo está perdido. Contamos con las claves de una vida abundante.

La Palabra de Dios es nuestra bandera. Además de saberla o recitarla podemos vivirla, y para que eso suceda debemos hacerla parte de nosotros. Pablo les dice a los efesios que la fe es el único requisito para la salvación, y Juan nos dice en su primera carta que la fe es la victoria que vence al mundo. Pero el Señor, hablando a Jeremías, le dice:

«¡Déjate de necedades y habla con algo de inteligencia! Solo si pones en mí tu confianza te dejaré continuar como mi portavoz. Tienes que ser tú quien influya en ellos y no al revés».
Jeremías 15:19

Necesitamos vivir la fe, y que la fe sea nuestra cultura. Y si Dios lo dice, ¡es porque es posible! Ser de influencia en el mundo debe constituir una de las grandes metas de todo discípulo. La idea no es vivir dentro de una burbuja para no contaminarse, ¡sino contagiar al mundo con la gracia del evangelio!

◈ CONOCE EL ENTORNO

¿En qué estado se encuentra el mundo en que nuestros jóvenes se desenvuelven? Para discipular a los jóvenes de forma oportuna es necesario observar los factores que los rodean. Y es tiempo de hacer que tus jóvenes también analicen con detenimiento la cultura que se mueve alrededor de ellos. La universidad a la que asisten, los amigos que tienen, y los hábitos sociales de su familia y entorno.

Recuerda que gran parte de tu trabajo como discipulador surgirá de la relación que tengas con aquellos a quienes estás discipulando, y no tanto de lo que hagas o digas en un momento de enseñanza semanal.

ALGUNOS CONSEJOS:

- Dedica un tiempo para conocer la realidad de tus jóvenes. Al hablar con ellos, anímalos a que le pongan nombres a los valores que identifican a su alrededor.

- Haz preguntas abiertas que te den información suficiente sobre su entorno.

- Considera conocer a sus amigos y descubrir el valor que él o ella les dan.

- Visita su casa, conoce a su familia.

- Dedícate a conocer a cada discípulo y los factores que lo rodean, y esquiva la tentación de dar consejos, hacer juicios de valor, o mucho menos sermonearlos con lo que digan. En esta instancia, concéntrate en conocer su entorno.

Todo esto te permitirá tener una visión más clara de las batallas que cada uno de ellos está viviendo. Conocer qué carrera estudia un joven, y sus motivaciones para hacerlo, te dará pistas sobre lo que piensa y cree acerca de la vida y de cómo desenvolverse en ella. Conocer a sus amigos te hará ver lo que valora en ellos, y será un indicio clave respecto de la influencia que recibe día a día. Visitar su casa, además de brindarte información valiosa sobre su entorno, les hará ver a sus padres y hermanos que estás interesado en él o ella como persona, y no solo como un número más en la iglesia.

Por otra parte, cuando hables con cada discípulo, ayúdale a poner en una balanza todo lo que has observado. Evita decirles todo lo que ves mal en sus amigos o en su familia como punto de partida, pues perderás su confianza. Solamente usa preguntas que le ayuden a cuestionar lo que hace y por qué lo hace. Aquí algunas sugerencias:

- Tus amigos, ¿son personas de quienes puedes aprender y crecer?

- Tus padres, ¿conocen a tus amigos y los lugares que ustedes visitan?

- Las prácticas que tienen las personas que te rodean, ¿son positivas o negativas? Considera sus hábitos sociales, sus formas de hablar, pensar, etc.

- ¿Qué piensan y cómo actúan las otras personas que están a tu alrededor, como compañeros de estudio o trabajo y demás conocidos?

Como discipulador, te vas a encontrar con diferentes casos. Padres creyentes y no creyentes, amigos creyentes y no creyentes, carreras con alta carga de filosofía humanista, y diversos ambientes que pueden generar distintas formas de pensar y de actuar. Esta exploración inicial te ayudará a conocer las oportunidades y amenazas presentes en la cultura que circunda a los jóvenes con los que vas a trabajar.

APRENDE CONMIGO

Todos los seres humanos nos movemos dentro de una cultura determinada. En todas las épocas, cada sociedad ha experimentado hitos que la han marcado, para bien o para mal, transformando el estilo de vida de sus habitantes. Cada época tiene sus devenires, sus cosas positivas y sus aspectos negativos.

A la par de esto, los cristianos contamos con la Biblia, que es nuestro mapa de vida. La mayoría de las veces, lo que la Escritura nos recomienda es contrario a lo que la sociedad promueve, y es entonces cuando nos encontramos con el «efecto contracultural» de nuestra fe.

El primer paso consiste en poner en la balanza lo que dice la sociedad y lo que dice la Palabra de Dios. Para los discípulos, la verdad de la Palabra debería tener siempre más peso que lo que la sociedad pueda decir. Nuestra cultura está en la Biblia, y nos es necesario encontrar la manera de vivir conforme a esos parámetros sin ceder a las exigencias de una cultura contraria a Dios.

LO QUE DICE LA CULTURA DEL MUNDO DE HOY	LO QUE DICEN LAS ESCRITURAS
Vive con desenfreno.	Vive con sabiduría.
Practica una sexualidad libre.	Guarda tu pureza.
Hónrate a ti mismo y usa al prójimo.	Honra a tus padres y ama al prójimo.
Acumula cosas.	Usa bien tu tiempo.
El género es una construcción social que debes usar para tu placer.	El género es diseñado por Dios para tu plenitud y la de otros.
Tú eres el centro del mundo (visión egocéntrica).	Jesús es el centro de todo (visión Cristocéntrica).
La religión es una camisa de fuerza.	La verdad te hace libre.
Que no te importe el resto.	Ama a tu prójimo como a ti mismo.
Vive y deja vivir.	Vive para ser sal y luz del mundo.

Proteger mi conveniencia es la mejor opción (por ejemplo, con el aborto).	Proteger la vida siempre es la mejor opción.

Lo que dice la Palabra de Dios es mayor a lo que el mundo dice, pero es necesario encontrar el fundamento para cada una de las prácticas y principios de la Biblia, y así poder tener respuestas adecuadas para darle al mundo. El reto será cómo hacer que tus jóvenes, no solo escuchen la verdad contenida en la Biblia, sino que la aprendan, la asimilen, la consideren cierta, la acojan, la vivan y la enseñen a otros. El discipulado, entonces, dependerá de encontrar la manera de inyectar en los que vienen detrás la esencia de la Palabra de Dios, no como un método restrictivo para reprimir al ser humano, sino como la mayor prueba del amor de Dios, manifestado en las instrucciones que Él nos dio para cuidarnos.

 MEDITA EN UN MODELO

Puedes leer esta historia con tus jóvenes en una reunión (o envíales previamente un archivo con el texto para que la lean en casa o para discutirla en un chat grupal).

MARTIN LUTHER KING JR.

Este pastor bautista fue una personalidad mundialmente reconocida en el siglo XX por su lucha contra la discriminación racial y social. Para este hombre no fue suficiente con haber estudiado sociología y teología, y con haber obtenido un doctorado. Él tenía todo como para emprender una vida tranquila, pero decidió aceptar la responsabilidad de pastorear la congregación bautista Dexter Avenue en Alabama cuando apenas tenía 25 años. Era el año 1954, y apenas un año después decidió no conformarse con lo que estaba sucediendo en la cultura de aquella época.

El desencadenante que convirtió su indignación en activismo contra la discriminación racial fue el arresto de una mujer de raza negra por haberse negado a ceder su asiento a un hombre blanco. Podemos imaginar esa escena. Rosa Parks viaja en autobús y consigue sentarse en un sitio libre; poco después, sube un hombre blanco y el conductor, al notar que ya no hay asientos libres, le exige a Rosa que le ceda su asiento, pero ella se niega a hacerlo. En medio de una sociedad en la que imperaba el criterio de que los blancos eran superiores a los negros, el caso de una mujer negra que se negó a dar su asiento a un hombre blanco fue considerado un delito. Imaginamos la rabia de la mujer al ser arrestada y la indignación en el alma de Martin Luther King Jr. al enterarse de la historia. ¡Él no podía quedarse sin hacer nada! Entonces decidió usar su preparación intelectual como sociólogo, y también su influencia espiritual como pastor, para emprender su lucha. Una lucha que muchos pensaron que sería infructuosa, pues la sociedad no cambiaría de la noche a la mañana. Sin embargo, esta se transformó en una lucha histórica.

La decisión de Luther King de no seguir siendo un espectador pasivo frente a las injusticias catapultó a muchos hombres y mujeres de raza negra a levantar su voz, un derecho que les había sido quitado. Ahora tenían alguien que los entendía, y no solo eso, alguien que había decidido ser su vocero para cambiar una situación que ya era insostenible.

Conflictos, segregación constante, puertas cerradas, frustración y lágrimas rodearon su lucha, pero la voz de Martin Luther King Jr. recorrió las calles de su ciudad, del país y del mundo entero. Su discurso «I have a dream» («Tengo un sueño») sigue siendo recordado y citado hasta el día de hoy, pues aunque decimos que vivimos en una sociedad más justa y menos discriminadora, todavía no se han cumplido aquellos anhelos por completo.

El mundo celebró junto con él cuando recibió el Premio Nobel de la Paz a sus 35 años, pero después lloró su pérdida cuando James Earl Ray lo asesinó a la edad de 39.

Y sí, oponernos a un sistema corrupto, injusto, desequilibrado y agobiante es exactamente lo que Jesús nos llamó a hacer. Para ello debemos buscar la justicia, amar la misericordia, y permanecer humillados delante de un Dios Soberano. Quizás no todos podamos ser activistas públicos de una lucha urgente como lo fue Martin

Luther King Jr., pero sí podemos ser los voceros de una generación que sigue necesitando hombres y mujeres que no se conformen a lo que el mundo dice y ofrece, sino que estén dispuestos a rescatar a ese mundo de las garras de la impunidad, la injusticia y la falta de amor. Personas que vayan contra lo que la cultura promueve, contra lo que la sociedad piensa, y sintonizados con lo que dice su Señor.

Este camino no es fácil, pero es el correcto.

ILUMÍNATE CON LA VERDAD

Es tiempo de ir a la Palabra de Dios:

LEAN JUNTOS EL SIGUIENTE TEXTO:

«Entren por la puerta estrecha, porque ancha es la puerta y espacioso el camino que conducen a la perdición; por eso muchísimas personas los prefieren. En cambio, estrecha es la puerta y angosto el camino que conducen a la vida, y muy pocas personas los hallan».
Mateo 7:13-14

Y AHORA PLANTEA LAS SIGUIENTES PREGUNTAS:

- ¿Qué creen que quiere decir este texto?

- En este texto: ¿cuál crees que es la diferencia entre puerta y camino?

- ¿De qué maneras podemos permanecer en el camino angosto?

PARA TU REFLEXIÓN:

En este pasaje Jesús está finalizando lo que conocemos como el Sermón del Monte. Luego de hablar sobre las bienaventuranzas, el adulterio, el divorcio, el amor a los enemigos, la oración, el ayuno, y el juzgar a los demás, Jesús termina el proceso hablando de las dos puertas y los dos caminos. Luego hablará acerca de que seremos conocidos por los frutos que demos, y de que seremos sabios si construimos nuestra vida sobre la roca que es Él.

Si te fijas bien, Jesús no solo es la roca; también es la puerta (Juan 10:9), y además es el camino (Juan 14:6). ¡Cristo es todo, y más! Él es la resurrección y la vida. Él es la luz del mundo, y nos envía a nosotros a ser luz. Pero no podremos ser la luz y la sal que Jesús nos pide ser si no tomamos decisiones drásticas y definitivas respecto de nuestro estilo de vida. No se trata de perfección, se trata de decisión.

> **NO PODREMOS SER LA LUZ Y LA SAL QUE JESÚS NOS PIDE SER SI NO TOMAMOS DECISIONES DRÁSTICAS Y DEFINITIVAS RESPECTO DE NUESTRO ESTILO DE VIDA**

Y es ahí donde cobran relevancia estos versículos. La mayoría de la gente elige el camino ancho, la puerta amplia, pues es más cómodo vivir así. Para ellos no es necesario hacer mucho esfuerzo, sino tan solo cumplir con algunas obligaciones generales que calmen su conciencia delante de Dios. Hacen cambios ligeros en su conducta, pero su forma de pensar nunca ha cambiado.

Un verdadero discípulo, en cambio, decide entrar por la puerta estrecha. No le importa lo difícil que sea pasar por allí, él escoge el camino angosto, aunque sabe que le implicará pagar un precio. Un discípulo es aquel que conoce lo que la sociedad le ofrece y decide renunciar a eso por ir detrás de Cristo. El camino angosto es el camino del discípulo y allí hay gran gozo, aunque lo triste es que tan pocas personas encuentren este camino.

🔒 NIÉGATE A

Este es el momento para las preguntas personales, que pueden ser grupales o individuales, según manejes tus encuentros:

- ¿Cuáles son aquellas cosas que son parte de la cultura que se han filtrado en tu vida?

- ¿Qué cosas contrarias a la Escritura son difíciles de dejar para ti?

- ¿Cuál es la disposición de tu corazón respecto de seguir a Cristo hasta las últimas consecuencias?

LEE CON ELLOS EL SIGUIENTE VERSÍCULO:

«Entonces se dirigió a todos y les dijo:
—El que quiera ser mi discípulo debe olvidarse de sí mismo, llevar su cruz
cada día y seguirme, porque el que quiera salvar su vida, la perderá; pero
el que pierda su vida por causa de mí, la salvará. ¿De qué le sirve a alguien
ganar el mundo entero si se destruye a sí mismo?»
Lucas 9:23-25

Una vez que hemos hecho una evaluación de nuestra vida, es necesario negarnos a nosotros mismos, y eso significa morir a todo aquello que no agrade al Señor, aunque sea parte de la cultura y todos lo vean como normal. Este es un buen momento para que el discipulador junto con su discípulo se confiesen el uno al otro sus debilidades y batallas. Al hacer esto, ambos abren su corazón y se vuelven vulnerables, imperfectos, pero redimidos por Cristo. En esta parte del proceso, el discípulo aprende a depender del Espíritu Santo para ser guiado, y el discipulador es formado en manifestar la gracia de Dios para aquel a quien está moldeando.

Algo más para aprender:

- La Biblia recomienda confesarnos los pecados los unos a los otros (Santiago 5:16).

- Es bueno hacer un acuerdo de confidencialidad que incluya a ambas partes.

- Ninguno está en la posición de juzgar al otro (Mateo 7:3).

- Tanto el mentor como el discípulo están siendo formados por Dios. No existen peldaños ni jerarquías delante del Padre; solo hijos dándose la mano (Gálatas 6:2-4).

ACUDE AL LLAMADO

Asumir un desafío implica más que solamente tener un buen deseo. Hacerlo tiene que ver con desarrollar un plan que contenga pasos concretos para ir hacia adelante, cumpliendo con el llamado que Cristo les ha hecho al compartir sobre este tema.

PASOS SUGERIDOS:

- El discípulo puede agradecer por la gracia de Dios expresada en que siga en el camino angosto y luego orar por algún amigo que considera que se está perdiendo en la cultura del mundo.

- El discípulo puede proponerse tener una conversación significativa con esa persona para estimularle a vivir el evangelio contracultural de Jesús. (Podría ser alguien para evangelizar, o también un cristiano que se ha apartado del Señor) Y es importante que se ponga una fecha. El hecho de que sea un plan con fecha empujará a que suceda y a que pueda reportar un resultado determinado.

- Mientras los discípulos se acostumbran a tener este tipo de conversaciones con sus amigos o familiares, el mentor puede acompañarlo y guiarlo en cada paso.

- Se debe tener en claro que no somos nosotros quienes cambiamos los corazones, sino el Espíritu Santo.

INVASIÓN DE IDEOLOGÍAS

«El problema en nuestra cultura es que nos sentimos tentados a confiar en nuestro propio poder. Así que el desafío para nosotros es vivir de tal manera que dependamos de manera radical y desesperada del poder que solo Dios puede proveer».

David Platt (*Radical*)

La capacidad para imaginar y la creatividad son cualidades preciosas otorgadas por Dios al ser humano. Están en nuestra esencia. Pero, como sucede con todo lo bueno que Dios ha hecho, a causa del pecado y la maldad, y sin un propósito santo, esa imaginación puede tornarse en algo tóxico.

Vivimos en una época llena de filosofías que corren como ríos desbordados por las calles y por las mentes de todos. Con un sistema de comunicaciones que no filtra lo positivo o lo negativo, y ni siquiera distingue lo real de lo ficticio, y con instituciones públicas que esconden demasiada información del porqué de sus acciones.

Para lidiar con todo esto hace falta más que buenos argumentos, pues la discusión se vuelve inútil frente a alguien que se mantiene obcecadamente fijo en sus creencias. Hace falta claridad y astucia.

LA GRAN PREGUNTA DE ESTA SEGUNDA LECCIÓN ES:

¿En qué difiere el evangelio de todas las ideologías que hoy en día intentan seducir a los jóvenes, y cuál debería ser nuestra reacción frente a ellas?

LOS JÓVENES CRISTIANOS DE HOY SE PREGUNTAN:

- «¿Tienen los no cristianos argumentos valederos para creer en lo que creen?»

- «¿Por qué, con sus ideologías, van en contra de la ciencia... o somos nosotros los que estamos en contra?»

- «¿Por qué les es tan difícil aceptar la verdad de Cristo y la lógica de la moral?»

El machismo, el feminismo, y la multiplicación de las «posibilidades» sexuales demandan de nosotros más análisis y más respuestas que las que hemos dado hasta ahora. La ideología de género, por ejemplo, ha desatado cuestiones que, de acuerdo a propósitos todavía sospechosos, están siendo discutidas en los ámbitos legislativos de diferentes países. Así, por ejemplo, el aborto ha pasado de ser un atentado contra la vida, a ser una alternativa de salud pública (obviamente mal fundamentada) y por estas razones, como hijos de Dios, se nos hace necesario discutir desde una perspectiva filosófica, científica, y bíblica estos asuntos, que además para nosotros tienen una connotación espiritual.

⬡ CONOCE EL ENTORNO

Prepara una serie de preguntas abiertas y simples sobre lo que la sociedad de hoy cree respecto de diversos temas puntuales, y deja que tus jóvenes se expresen hablando en tercera persona (es decir diciendo lo que la sociedad cree). En el ejercicio quizás te sorprenderá saber que muchos de los jóvenes en las iglesias son defensores de estos argumentos y ni sospechan que están equivocados. Quizás porque han encontrado alguna forma de justicia en lo que promulgan, o porque conocen a alguien que piensa así, o porque les parece justo defender los derechos de las minorías.

Para discipular, uno necesita estar preparado, no solo en el fundamento sólido de la Palabra de Dios, sino también para hacer una lectura responsable de lo que sucede en el entorno social en el que se desenvuelve nuestro círculo de discípulos y por eso es bueno comenzar con preguntas abiertas, y no comenzar a discutir cualquier idea equivocada que salga a la luz en esta primera etapa. Conversar con ellos sobre estos temas desde un comienzo basado en preguntas y no reprimendas es una excelente oportunidad de conocer lo que hay en sus corazones y descubrir qué ideas del mundo se les han infiltrado.

Otra posibilidad, si quieres extender esta lección, es enviar a tus jóvenes a realizar una encuesta entre sus conocidos, familiares, amigos y círculo social. Para ello, prepara una serie de preguntas de selección múltiple que ayuden a medir lo que la sociedad cree respecto a estos temas. Aquí tienes algunos ejemplos de posibles preguntas:

- ¿Conoces a fondo los criterios del movimiento LGBTI?

- ¿Estás a favor o en contra del movimiento LGBTI?

- ¿Conoces los postulados de la lucha por la igualdad de género?

- ¿En qué casos te parece que el aborto es una opción válida?

- Al pensar en las consecuencias fisiológicas y psicológicas postaborto para la mujer, ¿se te ocurren dos que sean difíciles?

- ¿Crees que el feminismo es positivo o negativo? ¿Por qué?

Puedes usar estas o crear otras preguntas con el grupo, y seguro tienes algún chico o chica que puede diseñar una buena hoja para que todos tengan copias. Aclárales que el punto de hacer una encuesta no es discutir con la gente sino tomar nota de opiniones generales para luego hacer estadísticas del estudio realizado. Este ejercicio será un aporte importante al proceso, en tanto y en cuanto se puedan recolectar datos que ayuden a los discípulos a medir su entorno.

APRENDE CONMIGO

Ahora es tiempo de ir más profundo en el tema y de hacer un puente a tus experiencias y opiniones personales. Como discipulador, obviamente te conviene prepararte lo más posible siempre, y en este caso aún más, porque se trata de un dilema candente en el que no puedes quedarte solamente repitiendo algunos clichés cristianos (por más que digan algo correcto).

Busca libros. Estudia. E625.com tiene un montón de material específico sobre temas candentes escrito por profesionales de la salud que son cristianos maduros. Ir a la ciencia además de a la Biblia aportará a tu autoridad y capacidad de conversación.

Al hablar de homosexualidad, por ejemplo, es vital que sepas que no hay ninguna evidencia científica que avale la teoría de que la homosexualidad está predeterminada genéticamente. Esto es vital saberlo, porque los medios masivos de comunicación han insistido tanto con sembrar esta idea en el seno de la sociedad que muchos hoy la afirman como si fuera algo que no tiene discusión. Pero sí la tiene y, de hecho, según los estudios científicos más serios del mundo (en los que incluso han participado científicos homosexuales), nunca se ha podido certificar nada acerca de una predisposición genética, lo cual indica que es una decisión humana, seguramente inicialmente inconsciente, pero decisión humana por seguro.

Como hijos de Dios, estamos llamados a encontrar los fundamentos adecuados para argumentar con sabiduría e inteligencia cuando nos encontramos con semejante falta de razón.

PROPUESTA:

- Investiga los estudios de Francis Collins, genetista estadounidense, descubridor del genoma humano.

- Mira entrevistas a Roxanna Kreimer, doctora en filosofía y creadora de la página «Feminismo Científico-2» en Facebook, que intenta desestimar los débiles argumentos del feminismo radical desde una postura filosófica y científica.

- Escoge algunos videos de Agustín Laje, politólogo y periodista argentino, opositor a los movimientos de género y su injerencia política.

COMO HIJOS DE DIOS, ESTAMOS LLAMADOS A ENCONTRAR LOS FUNDAMENTOS ADECUADOS PARA ARGUMENTAR CON SABIDURÍA E INTELIGENCIA

- Busca la historia de los orígenes del movimiento LGBTI y sus principales exponentes.

- Conoce los fundamentos de los derechos humanos y las principales declaraciones universales.

Podrías distribuir estos puntos como tarea a distintos miembros de tu grupo de discipulado o elegir uno o dos puntos para trabajarlos a nivel personal.

Los discípulos deben ser entrenados para pensar y actuar como Cristo. Y Él siempre tenía una respuesta oportuna para cada aspecto de la vida, no solo sobre cosas espirituales. Jesús habló sobre el matrimonio, sobre la relación entre hermanos, sobre cómo valorar a los padres y cómo tratar a los amigos. Habló sobre la obediencia a las leyes y el respeto a las autoridades. Sus grandes sermones hicieron referencia a ámbitos cotidianos de la vida, como la siembra y la cosecha, y también al manejo de las finanzas personales y del hogar. Y, por supuesto, Jesús también tuvo que enfrentar los problemas sociales de su época, como la promiscuidad y el adulterio.

Las respuestas de Jesús fueron distintas para cada caso. Vemos a Jesús tratar con firmeza a los que demostraban dureza de corazón, como algunos fariseos, pero en casos de promiscuidad como el de la mujer sorprendida en adulterio, vemos que Él tuvo una gran misericordia. Tal vez porque ella demostró estar arrepentida y dispuesta a recibir el castigo que fuere. No lo sabemos. Pero vemos que sus palabras

UNA BATALLA ES LA QUE SE PELEA A NIVEL IDEOLÓGICO, Y OTRA ES LA QUE SE LIBRA POR LAS PERSONAS

para ella fueron amables y de perdón, aunque con un gran consejo detrás: «Vete y no peques más».

Nosotros, en nuestro caminar diario, nos encontraremos con diferentes tipos de personas también. Los que buscan a Jesús con corazón anhelante, los que lo rechazan categóricamente, los que dicen oponerse y en su interior claman por encontrarse con Él, y también aquellos cuyo corazón está tan herido que apuntan a ofender los principios en los que creemos...

La clave será siempre la misma: mirar a las personas como las ve Jesús.

Una vez dicho esto, hay algo importante que debemos diferenciar: **una batalla es la que se pelea a nivel ideológico, y otra es la que se libra por las personas a las que Jesús ama, aunque ambas tienen una connotación espiritual.** Jesús condenó la ideología de los fariseos y saduceos, que defendían doctrinas que no eran ordenadas por Dios, pero no se dedicó a excluirles sin opción. Así lo demostró, por ejemplo, al enseñar sobre el nuevo nacimiento a Nicodemo, un fariseo, en el capítulo 3 del Evangelio de Juan.

La batalla por las almas es la misión por la que estamos en la tierra. Es un encargo divino para alcanzar a aquellos que el Padre busca, porque quiere que todos sean salvos y que ninguno se pierda (2 Pedro 3:9). Esa batalla tiene que ver con la forma como nos relacionamos con el mundo, con la gente. Si andamos con la nariz respingada como si oliéramos el pecado en todo y en todos, probablemente no podremos acercarnos a la gente que queremos salvar... y esa no sería la actitud correcta de un verdadero discípulo.

Si a ellos, que están perdidos, les imponemos la carga de la ley y la condenación, cerraremos más puertas de las que abriremos. Debemos, más bien, aprender a amarlos, aunque no compartamos sus ideas y sus conductas. Debemos abrir espacios donde ellos puedan sentirse escuchados y amados, para que mantengan la puerta de su corazón abierta al Evangelio. Debemos hablar con ellos sobre sus necesidades, y contarles de Aquel que puede suplir cada una de ellas.

Cuando nos sentimos inclinados a señalar el pecado en cada persona, suele ser útil recordar de dónde nos sacó Dios; recordar que también nosotros estuvimos en un pozo lleno de lodo y putrefacción y que a Jesús no le importó bajar hasta allí para limpiarnos y llevarnos a sus alturas. Jesús lo hizo por compasión hacia los perdidos, y nosotros lo haremos igual.

> **CUANDO NOS SENTIMOS INCLINADOS A SEÑALAR EL PECADO EN CADA PERSONA, SUELE SER ÚTIL RECORDAR DE DÓNDE NOS SACÓ DIOS**

Mientras aprendes y enseñas a ver a las personas de este modo, pregunta a tus jóvenes cómo fueron tratados cuando llegaron a los pies de Cristo. También es bueno recordar quiénes estuvieron allí para ayudarles: hombros sobre los cuáles lloraron, amigos que con amor y paciencia los acompañaron en este camino a Emaús, oídos que estuvieron dispuestos a consolar y no a criticar. Esa es la parte relacional: Evangelio, gracia y misericordia.

La batalla ideológica, en cambio, es a nivel intelectual. Necesitamos tener una postura frente a los planteos del mundo actual, y para eso no podemos valernos de lo que oímos en las calles o vemos en televisión, ni tener un criterio basado en malas experiencias personales o en juicios de valor, ni optar por una postura religiosa que en lugar de buscar respuestas racionales solo funcione como una pared que no le permita a la gente acercarse a preguntar.

Es preciso primero haber escuchado con atención al prójimo y sus intereses: cuál es su ideal y por qué están luchando. Luego debemos evaluar si sus motivos tienen algún sentido. Usualmente, la mayoría de la gente que está a favor de estos movimientos no tiene ni la menor idea de lo que piden. Solamente les parece que defienden «una buena causa» y quieren congraciarse con estos grupos pues, a su parecer, «es injusto que les nieguen sus peticiones». Tienen, por lo tanto, una solidaridad infundada.

Por eso es por lo que debemos generar argumentos basados en la sociología, en la lógica, en la biología y en la búsqueda del bienestar integral de la sociedad, para así ayudar a estas personas a reflexionar sobre sus propios argumentos. Al mismo tiempo, debemos aprender a reconocer la influencia política detrás de los distintos movimientos que, aunque es sutil, existe.

Recuerda: **libramos dos batallas.** La **batalla por las almas** nos hace buscar y amar a aquellos que Dios ama, sin distinción. **La batalla ideológica** nos hace levantar nuestra voz para denunciar lo que está mal en la sociedad y defender los valores correctos.

 MEDITA EN UN MODELO

BEN SHAPIRO

Ben es un abogado, graduado *summa cum laude* de la Universidad de Harvard. Trabaja como escritor, periodista, y comentarista político. Es de origen judío y, junto con su esposa, practican el judaísmo ortodoxo.

El nombre de Shapiro empezó a hacerse popular por los diversos debates en los que, con mucha agilidad, lograba deshacer los argumentos de la ideología de género y sus seguidores. No es fácil encontrar personas que defiendan a capa y espada una posición a favor de la vida frente a tantos movimientos proabortistas, y sobre todo alguien que lo haga con argumentos lógicos y fundamento científico desde los medios. Ben ha sabido ser un vocero para los movimientos provida en los Estados Unidos, y su pasión ha hecho eco en el mundo latino gracias a su firmeza y tenacidad.

Ante una invasión desmedida de ideologías sobre una sociedad que recibe con mucha facilidad conductas alejadas de la voluntad de Dios, Ben es un ejemplo de alguien que sabe discutir con argumentos lógicos, sociológicos, filosóficos, y con fundamento científico.

Los hijos de Dios, colocados en el lugar adecuado y con la debida preparación, pueden ser una herramienta poderosa en manos del Eterno. Ben Shapiro no es infalible, y no podemos decir que tenga razón en cada uno de sus argumentos (por ejemplo, cuando habla de política, porque ese es un terreno menos definido que el moral), pero es un buen ejemplo de alguien preparado, ubicado en el lugar designado por Dios, y cumpliendo el propósito para el cual fue diseñado; un llamado que se nota que arde en su corazón.

ILUMÍNATE CON LA VERDAD

La inmoralidad sexual existió desde los primeros tiempos descritos en la Biblia. El Génesis relata la historia de Sodoma y Gomorra, dos ciudades entregadas al pecado sexual, y también describe actos de violación (2 Samuel 13), incesto (Génesis 19:36), homosexualidad (Génesis 19:5), y adulterio (2 Samuel 11:4-5).

Debemos entender que, aunque tengan consecuencias diferentes, todos los pecados de índole sexual vienen de la misma raíz, que es la inmoralidad sexual. No es uno peor que otro, por lo que tanto la homosexualidad como la bisexualidad y todas las tendencias surgidas en los últimos tiempos, son similares a otros comportamientos de esta índole como la pornografía, el adulterio, la fornicación, etc. El Nuevo Testamento utiliza la palabra griega *porneia* para definir toda forma de inmoralidad sexual, y de allí se derivan todos los comportamientos errados relacionados con la sexualidad.

En el capítulo 1 del libro de Romanos se describe, además, un proceso o conjunto de condiciones que detonan comportamientos de inmoralidad sexual en un pueblo. Te recomendamos leer todo el capítulo para poder analizarlo poco a poco. Allí los versos 18 al 20 hablan acerca de la manifestación de Dios por medio de todas las cosas visibles, y contrasta esto con la negativa de los seres humanos que, a pesar de ver a Dios en todas las cosas, deciden darle la espalda. El verso 21 es contundente:

«Sin embargo, aunque lo sabían muy bien, no quisieron ni adorar a Dios ni darle gracias. Al contrario, se pusieron a concebir ideas estúpidas y, en consecuencia, sus necios entendimientos se oscurecieron. Al creerse sabios, se volvieron aún más necios».
Romanos 1:21-22

La consecuencia de esta necedad llevó al ser humano a la idolatría, como se describe en el verso 23 y, finalmente, a una tendencia a corromper su sexualidad a través del culto a la satisfacción de los deseos del cuerpo, como dice el verso 24. El verso 25 nos habla de lo que ha sucedido en el ámbito ideológico en todos los tiempos, desde el Génesis, hasta el tiempo de Jesús, en la época de los apóstoles y aún ahora:

«Esto fue por cambiar la verdad de Dios y deliberadamente creer en la mentira; por adorar a las criaturas y no a Dios que las creó, el cual es bendito por todos los siglos».
Romanos 1:25

Aquí leemos cómo las personas dieron la espalda a la verdad de Dios para creer en la mentira expuesta por las ideologías de este mundo. Luego, del verso 26 en adelante, se habla de toda clase de perversiones, inmoralidad sexual y toda clase de conductas que, aunque se relacionan entre sí, terminan afectando diferentes áreas del ser humano.

Si exploras bien el texto te darás cuenta de que el origen de todo es la necedad de las personas por no escuchar la verdad de Dios. Desde esta perspectiva, la única forma de que una persona cambie de manera de pensar y de actuar es que reciba la revelación de Cristo en su vida y sus ojos sean abiertos para que decida acercarse a Dios. Esto no sucederá por esfuerzos humanos, pues no somos nosotros quienes convencemos a nadie de pecado, sino que esa es la parte del Espíritu Santo (Juan 16:8).

La revolución que como discípulo te corresponde desde ahora no se encuentra en la proclamación de las verdades de Romanos 1, sino en el concluyente versículo 1 de Romanos 2, que al parecer muchos olvidan leer:

«Por eso no tienes excusa alguna cuando juzgas a otros, pues cuando lo haces, te condenas a ti mismo, ya que cometes los mismos actos que ellos».
Romanos 2:1

¡Vaya! ¿Leíste eso? Probablemente te estés diciendo a ti mismo que no eres como ellos, ¡pero la escritura dice que sí! Considera, por ejemplo, que cuando Jesús hablaba del adulterio, Él mencionaba no solamente el acto sino también el pensamiento, el deseo y las intenciones del corazón... y de eso no estamos exentos. Todos los seres humanos tenemos una tendencia poderosa hacia el pecado. Por este motivo, no estamos en posición de poder juzgar a ninguna persona, y mucho menos deberíamos hacerlo si reconocemos que estaríamos quitándole ese derecho al único y soberano Dios. Por el contrario, nosotros estamos llamados a amar a todas las personas en toda circunstancia.

Probablemente por eso Pablo, el escritor de la carta a los Romanos, hizo especial énfasis durante los capítulos siguientes en hacernos comprender que ninguno se salva a sí mismo, ninguno está libre de pecado (Romanos 3:23), ninguno está en posición de juzgar a otros (Romanos 2:3) y, sobre todo, que cada persona sobre la tierra tiene la necesidad imperiosa de conocer a Cristo, ya que debido al pecado que vive en cada uno de nosotros (Romanos 7:21) todos necesitamos ser salvados por su gracia redentora (Romanos 4:25).

¡Realmente valdría la pena que tú y aquellos a quienes estés discipulando leyeran detenidamente todo el libro de Romanos!

Por supuesto, que veamos con amor a todas las personas no quita que mantengamos una posición firme a favor de la santidad, de la pureza sexual, de una educación libre de ideologías y que batallemos para que nuestra convicción bíblica sea escuchada y respetada. Aunque no podamos obligar a nadie a escucharla, ni debamos imponerla, debemos levantar nuestra voz para que la oigan y la reciban aquellos corazones que el Señor en su misericordia quiera tocar, y para que la sociedad entera sepa que estamos allí; no dormidos ni silentes como si fuéramos esclavos, sino más bien en pie de guerra. Una guerra de amor por el mundo que Dios ama (Juan 3:16-17).

NIÉGATE A

Es muy probable que tus jóvenes se sientan abrumados entre tanta confusión ideológica. Luego de investigar lo suficiente, incluyendo haberles dado suficiente base bíblica, filosófica y científica como para que tengan un criterio personal al respecto, es tiempo de mirar al interior de cada uno. Considera tener un tiempo de oración, juntos o por separado, y también tú como discipulador, intercediendo por ellos para que reciban la verdad de Dios y desarrollen convicciones firmes en su fe.

Puedes practicar el siguiente ejercicio con tus jóvenes. Diles lo siguiente:

Imaginemos que nosotros hubiésemos estado alrededor de la mujer que fue sorprendida en adulterio. Tenemos dos piedras, una en cada mano, y nos encontramos listos para hacer valer la ley que decía que aquella mujer debía morir a pedradas. De repente, escuchamos las palabras de Jesús diciendo: *«El que esté libre de pecado, que arroje la primera piedra»*, y esas palabras nos hacen caer en la cuenta de que estamos en una posición en la que no deberíamos estar. Sentimos la mirada de Dios sobre nosotros. De seguro terminaríamos arrojando las dos piedras al piso... ahora bien, ¿qué significarían esas dos piedras que tuvimos que soltar?

Este ejercicio tiene que ver con quitar de nuestra vida determinadas actitudes que nos hacen pecadores delante de Dios y, como consecuencia, sujetos a su juicio. Algunos ejemplos de lo que esas piedras podrían representar son:

- Juicios: He sido de aquellos que juzgan sin pensar en las personas a las que Dios ama.

- Críticas: He sido de aquellos que hablan sin tener un fundamento adecuado, solo para esparcir un rumor o desacreditar a otro.

- Inmoralidad sexual: He sucumbido ante pecados de índole sexual; pornografía, adulterio, fornicación, lujuria, lascivia, o pensamientos y deseos pecaminosos.

- Falta de misericordia: He tenido oportunidad de ayudar a alguien que lucha con algún tipo de inmoralidad sexual y le he negado esa ayuda.

- Irresponsabilidad: He preferido estar alejado de este tipo de conversaciones para no perder amigos, o para que no sepan acerca de mi fe y mis convicciones.

Ayuda a tus jóvenes a revisar en lo más profundo de su corazón y a renunciar a cualquier piedra que les impida parecerse más a Jesús.

Este es un buen momento para confesar alguna lucha en esta área. Si alguno de tus jóvenes ha tenido, por ejemplo, un deseo pecaminoso es tiempo de confesarlo, no para que sea un momento de vergüenza sino para desatar una nueva libertad.

Como discipulador, tú debes estar preparado para esto. En algunos casos quizás necesites referir a uno de tus jóvenes a un terapeuta o profesional de la psicología que sea un apoyo en tu ministerio y practique la fe. También pueden ser útiles ministerios como «Libres en Cristo» u otros similares, que ofrecen ayuda en este tipo de temas.

ACUDE AL LLAMADO

Para definir los próximos pasos vienen bien estas preguntas:

- ¿Qué hacer en cuanto a las personas que conozco y que están a favor de la ideología de género?

- ¿Puedo defender mi fe delante de una persona que defiende abiertamente la ideología de género? ¿Por qué sí, o por qué no?

- ¿Puedo compartir una conversación, una comida, un deporte, o una salida con una persona homosexual, o de cualquiera de las opciones sexuales que hoy existen, sin expresar rasgos de fobia? ¿Por qué sí, o por qué no?

Así como esta lección comenzó con un conversatorio para exponer opiniones, cierra el tema de la misma manera, pero ahora haciendo preguntas abiertas acerca de lo que han aprendido y entienden mejor que dice la Biblia. (Si nunca escuchaste el término «conversatorio», puedes googlearlo para averiguar qué es. Se trata de una especie de charla, pero con una dinámica dirigida). Incluso podría ser bueno que algunos de ellos vayan a exponer sobre estos temas con los adolescentes, ya que esto le servirá al ministerio de adolescentes y afirmará los hallazgos y convicciones en tus jóvenes también. Que los jóvenes puedan ser una influencia positiva para los adolescentes es una de las metas del Liderazgo Generacional, y es también una gran plataforma de lanzamiento para que aquellos a quienes estás discipulando avancen hacia su propia madurez.

EL DESAFÍO DEL CARÁCTER

*«La verdadera transformación ocurre poco a poco.
Con pequeños cambios que terminan convirtiéndose
en hábitos colectivos. Con pequeñas semillas que, con
paciencia y tiempo, ocupan un campo. De formas más
humildes pero duraderas. No tan espectaculares,
pero sí reales».*

Alex Sampedro (*Artesano*)

Ser cada día más como Jesús tiene que ver con nuestros valores internos. Con nuestra manera de ser, de pensar y de actuar. Y es interesante que lo segundo y tercero en esta lista tienen que ver con lo primero: el carácter.

Los defectos del carácter que no son superados mientras somos jóvenes serán una piedra de tropiezo para nuestra sanidad y desempeño en nuestra adultez.

Alguien inmaduro, aunque sea adulto, puede destruir sus relaciones más importantes, desperdiciar sus oportunidades profesionales y desmayar en el momento en que más necesita estar en pie. Por inmadurez se hiere a las personas amadas. Por inmadurez se destruyen matrimonios y familias. Por inmadurez se puede albergar en el corazón envidia o codicia. Y por inmadurez muchos pueden caer en adicciones de las cuales les costará salir.

◈ CONOCE EL ENTORNO

Pídeles a tus jóvenes que completen la siguiente encuesta. En esta lista de «defectos del carácter», cada uno deberá elegir un número del 1 al 5 para representar su situación personal (1 si es algo que no lo controla para nada; 5 si reconoce que es un gran defecto en su vida). De esta forma podrán evaluar cuáles son los aspectos más urgentes sobre los que deben trabajar.

Envidia _______	Autoritarismo _______	Iniciar cosas que luego no termino _______
Deseos de venganza _______	Irritabilidad _______	No reconocer mis propias equivocaciones _______
Egoísmo _______	Pereza _______	Arrogancia _______
Orgullo _______	Celos desmedidos _______	Tendencia a mentir _______
Vanidad _______	Apatía _______	Autojustificación _______
Rencor _______	Agresividad _______	Inestabilidad emocional _______
Intransigencia _______	Mal humor _______	Crítica constante _______
Temores irracionales _______	Posesividad _______	Dependencia de otros _______

Ahora bien... a veces es difícil ser objetivos al evaluarnos a nosotros mismos, ¿verdad? Una segunda propuesta es que puedas enviar a tus jóvenes con este listado de «defectos del carácter» y les pidas que encuentren algunas personas cercanas que los conozcan bien, y que les soliciten llenar la misma encuesta. Los padres y hermanos pueden ser buenos candidatos, pero también funcionará con sus amigos más cercanos. Incluso tú, como discipulador, deberías hacer una evaluación también de cada uno de aquellos a quienes te encuentras discipulando, aunque es importante que destaques que lo importante no es ponerse un puntaje general sino ser precisos a la hora de evaluarnos.

Al final de este proceso, recogerán los datos y los compararán. A muchos podrá resultarles una sorpresa observar las diferencias entre su propia evaluación y las de los otros. Y será muy interesante para cada uno conocer la forma en que otros lo ven, sobre todo si son personas con quienes conviven o personas cercanas (aunque tal vez puedas considerar la posibilidad de que las encuestas sean «anónimas», para que nadie pueda sentirse herido por los comentarios de una persona en particular).

TUS VULNERABILIDADES PUEDEN SER EL MEJOR PÚLPITO PARA TU INFLUENCIA

APRENDE CONMIGO

En el exterior podemos aparentar muchas cosas, pero es lo que está en el corazón lo que refleja nuestro verdadero ser, y mientras más dejemos que Dios moldee nuestro carácter, mayor será la influencia positiva que podremos tener en el mundo, ya que seremos una mejor herramienta en las manos de Dios para cumplir su propósito.

Este es el momento de aterrizar un testimonio personal con honestidad recordando que tus vulnerabilidades pueden ser el mejor púlpito para tu influencia.

En este sentido, una de las cosas que todos los discípulos debemos tener claro es que vendrán tiempos de prueba y dificultad para que nuestro carácter sea formado. Cada prueba superada será un paso más hacia nuestra madurez y potencialmente la de otros.

No superar una prueba significa que la prueba volverá.

Varios son los cimientos necesarios para la construcción del carácter. El pastor Héctor Plaza, en su libro *El carácter del líder*, menciona cinco: la Palabra de Dios como base fundamental de todo hijo de Dios, la integridad que nos hace personas de palabra, la obediencia que nos hace confiables, la disposición a ser enseñables que nos otorga la capacidad de aprender constantemente, y la soltura para ser humildes, que nos hace reconocer cuando nos equivocamos y nos ayuda a volver a empezar. Estos cinco aspectos en realidad son cimientos indispensables, que se van formando conforme vamos tomando decisiones, algunas de ellas difíciles, pero que poco a poco traen un peso de madurez que reposa sobre aquel que ha sido entrenado en ello.

¿Cuáles son, entonces, las cosas que preparan el terreno para construir un carácter firme?

- **Una vida de comunicación constante con Dios.** Si bien es cierto que todos tenemos distintas maneras de conectarnos con Dios, necesitamos estar seguros de que tenemos acceso constante a su presencia y debemos entablar esa conexión periódicamente.

- **Disciplinas espirituales.** La adoración, la oración, el ayuno, la lectura y estudio de la Palabra de Dios, la meditación y memorización de su Palabra; todas son buenas disciplinas que un discípulo debe desarrollar y que van formando un carácter firme.

- **Rendición de cuentas.** Tener alguien a quien rendirle cuentas de nuestra vida voluntariamente, impulsa una firmeza en el ser interior difícil de igualar. Cuando somos vulnerables ante alguien más, nos convertimos en personas de carácter cada vez más firme. Esto también nos hace más humildes y nos evita muchas caídas.

- **Convicciones firmes.** El hecho de no dejarse llevar por cualquier viento de doctrina hace que no seamos como las olas del mar, como dice la carta de Santiago.

- **Manejo adecuado de las emociones.** Las reacciones emocionales surgen de un carácter inmaduro, y necesitan ser controladas. No es que las emociones estén mal, solamente que nuestras acciones o decisiones no deben estar basadas en las emociones, sino en un equilibrio del alma y el espíritu.

- **Dominio propio.** Saber dominar el cuerpo y la mente, soportar las tentaciones, actuar con mesura, y tomar buenas decisiones financieras, todo esto es parte de un carácter bien formado.

 MEDITA EN UN MODELO

JOYCE MEYER

Quizás hayas escuchado acerca de Joyce Meyer. Esta escritora y conferencista cristiana, nacida en 1943 en St. Louis, Missouri, Estados Unidos, trata muchos temas del carácter en sus conferencias y libros, y siempre expone sus propios procesos de sanidad del alma y del espíritu.

Como con todos los casos que elegimos en este libro, ella no es alguien perfecta, y no podríamos decir que estemos de acuerdo con cada cosa que ha dicho o escrito, pero es muy interesante su testimonio, ya que su padre abusó sexualmente de ella en decenas de ocasiones, además de tener con ella un trato de ira e intimidación. Creciendo con este peso, en determinado momento Joyce decidió hablar con su madre, pero ella no le creyó, tal como sucede con muchas madres o padres que reciben una denuncia de esta naturaleza. En su libro *Belleza en lugar de cenizas*, Joyce cuenta cómo, en cierta ocasión, cuando ella tenía catorce años, su madre llegó a la casa y encontró a su esposo abusando sexualmente de Joyce... y su reacción fue salir de allí y regresar dos horas más tarde fingiendo que nada había sucedido.

Los abusos de su padre y la traición de su madre le hicieron huir de su casa a los dieciocho años para casarse con el primer hombre que encontró. Como era de esperar, el hombre era un manipulador, ladrón y estafador. Joyce cuenta que estuvo a punto de volverse loca cuando ella apenas tenía veintiún años y se le juntaron un aborto natural y enseguida el nacimiento de su primer hijo. Además, como si no fuera suficiente, su esposo la había dejado abandonada para irse a vivir con otra mujer a dos cuadras de su propia casa, alegando que el hijo que Joyce llevaba en el vientre no era suyo.

Relatar todas las historias tristes y los momentos críticos de la vida de Joyce sería ahondar en una piscina de desastres que le trajeron devastación, miedo a todo, e incapacidad relacional y emocional para enfrentar la vida. Pero Dios tenía cosas grandes para ella, así como para todos los que decidimos creerle. Joyce tuvo que aprender a confiar nuevamente en la gente, en Dios y en sí misma. Tuvo que aprender a levantarse a pesar de sentirse rendida por haber caído tantas veces, tuvo que vencer sus miedos y desechar sus hábitos anteriores para cambiarlos por nuevos, y tuvo que arrancarse la mente perturbada para colocarse la mente de Cristo y renovar así por completo su vida.

Si miras a Joyce ahora, verás a una mujer segura de sí misma, alguien que no solo predica y enseña con autoridad, sino que vive con la firmeza de carácter que ha sabido desarrollar. Y esto no quiere decir que se haya vuelto dura de corazón, sino que, en la sensibilidad de su corazón, ha sabido sobreponerse a los embates de la vida y ha aprendido a creerle a Dios.

No importa cuántas desgracias hayamos vivido, en cuánta desventaja creamos estar, cuántos errores hayamos cometido o las barreras que tengamos delante que no nos dejan avanzar. Lo único que importa es que tenemos un Dios que puede hacer nuevas todas las cosas y que usa cada cosa que nos sucede para formar nuestro carácter para que sea similar al carácter de Jesús. Ese es el reto del discipulado. Parecernos más a Él.

📖 ILUMÍNATE CON LA VERDAD

«Acérquense a Cristo, que es la Piedra viva que los seres humanos despreciaron pero que Dios escogió y es preciosa para él. De este modo, también ustedes son piedras vivas con las que se está edificando una casa espiritual. Así llegan a ser un sacerdocio santo, para que le ofrezcan a Dios sacrificios espirituales por medio de Jesucristo. Estos sacrificios a él le agradan».
1 Pedro 2:4-5

En este pasaje el apóstol Pedro nos habla de Cristo como la Piedra viva: un fundamento de construcción sobre el cual edificamos nuestra vida. El material de este fundamento es celestial, eterno, precioso. Se refiere a los atributos y al carácter de Cristo. De la misma manera, Pedro habla a la Iglesia (y, en consecuencia, a cada uno de nosotros) asegurando que somos piedras vivas al igual que Jesús, puesto que el Padre nos edifica con el mismo material celestial, eterno y precioso que a Cristo. Esto habla de lo que somos en esencia: ¡somos una casa espiritual!

Además, una piedra es parte de un altar. Por lo tanto, somos el altar encendido de piedras vivientes sobre el cual se realizan sacrificios de adoración al Padre. Siempre y cuando el fundamento esté puesto en Jesús, la Piedra viva, la Roca eterna, estaremos edificando bien esa casa espiritual.

Nuestra condición y crecimiento son tan importantes dentro del proceso de construcción de la Iglesia que si una piedra no cumple la función que le corresponde, toda la edificación está en riesgo. Cristo es el ejemplo, y por eso es el fundamento; en Él no hay engaño ni sombra de duda; Él cumplió con toda la ley y fue perfecto en todo.

> *«Pues para esto fuisteis llamados; porque también Cristo padeció por nosotros, dejándonos ejemplo, para que sigáis sus pisadas; el cual no hizo pecado, ni se halló engaño en su boca; quien cuando le maldecían, no respondía con maldición; cuando padecía, no amenazaba, sino encomendaba la causa al que juzga justamente; quien llevó él mismo nuestros pecados en su cuerpo sobre el madero, para que nosotros, estando muertos a los pecados, vivamos a la justicia; y por cuya herida fuisteis sanados».*
>
> **1 Pedro 2:21-24 (RVR60)**

Seguir los pasos de Cristo implica avanzar en un proceso de no ceder al pecado a pesar del sufrimiento. Ser moldeados conforme al carácter de Cristo es atravesar el desierto de la duda y no dejar de creer; sufrir el juicio y la vergüenza, y responder con mansedumbre; padecer injusticias y actuar con dominio propio; ser rechazados, heridos, traicionados, y a pesar de todo ello tener un espíritu perdonador. Todas estas acciones definen un carácter maduro.

ALGUNAS PREGUNTAS PARA REFLEXIONAR:

- ¿Cómo respondes cuando te insultan?

- ¿Cuál es tu reacción cuando cometen una injusticia contra ti?

- ¿Qué haces cuando alguien te engaña?

- ¿Cómo actúas cuando alguien te hace sufrir?

- ¿Qué sentimientos guarda tu corazón contra las personas que te han herido?

EL IDEAL SERÍA ESTAR TAN ALINEADOS CON LA VOZ DEL ESPÍRITU DE DIOS, QUE CADA REACCIÓN QUE TENGAMOS SEA CONTROLADA POR SU PODER

Cada una de estas preguntas nos puede servir para evaluar nuestro grado de madurez. No se trata simplemente de agachar la cabeza y dejar que todo el mundo acabe contigo, porque entonces te convertirías en alguien sumiso y servil. Por el contrario, el ideal sería estar tan alineados con la voz del Espíritu de Dios, que cada reacción que tengamos sea controlada por su poder. Aun las reacciones firmes y los reclamos pueden ser acciones maduras, o bien rabietas de un niño pequeño. Es fácil identificar las etapas de desarrollo en el aspecto natural, desde la niñez hasta la adultez. De la misma manera, existen etapas desde la inmadurez hasta la madurez como hijos de Dios.

Cuando el corazón de un hijo de Dios está gobernado por Cristo, su deseo estará saciado, y eso hará que los deseos pecaminosos vayan desapareciendo, pues lo que trae satisfacción a su vida es Cristo. Pero si tu corazón tiene aún áreas que no están gobernadas por Jesús, estas serán inmaduras y se dejarán llevar por los deseos de la carne.

¿Cómo podemos darnos cuenta de que hay un área de nuestro ser que no está llena por Cristo? La respuesta a esta pregunta se obtiene identificando las tentaciones a las cuales cedemos recurrentemente. Aquel hijo de Dios que se ha dejado moldear y llenar por Cristo será alguien que actuará en forma más parecida a Él. Así se convertirá en un hijo maduro.

Es interesante observar que el Nuevo Testamento emplea tres palabras que se traducen como «hijo» y cuyos significados están relacionados con la madurez:

1. TEKNIÓN

- Se refiere al hijo que es pequeño, que no puede valerse por sí mismo y por consiguiente depende de alguien más. La Biblia dice que estos hijos aún necesitan tutores pues, aunque son herederos, no pueden hacer efectiva su herencia debido a su inmadurez. En esta etapa también se usa la palabra *nepios* para referirnos a un niño pequeño e inmaduro.

- En Juan 13:33 Jesús usa la palabra *teknión* para sus discípulos, haciéndoles ver que apenas eran recién nacidos, pero aún no estaban listos.

- En 1 Juan 2:1 el escritor usa también la palabra *teknión* para referirse a aquellos de sus discípulos que aún luchaban con los mismos pecados. No para juzgarles, sino para recordarles que Cristo ha perdonado sus pecados, aunque todavía no son capaces de evitarlos.

2. TEKNÓN

- Se refiere a un hijo que ya ha pasado algunos procesos y ha dado pasos de crecimiento. Ha demostrado en base a sus decisiones y estilo de vida que no solo sigue a Cristo, sino que ha estado dispuesto a ser formado por Él.

- En Gálatas 4:19 Pablo usa la palabra *teknón* para referirse a aquellos hijos espirituales que ya se habían desarrollado a tal punto que sus procesos le habían costado a Pablo dolores de parto, en alusión al sufrimiento que provoca la formación de un hijo espiritual, es decir, de un discípulo. Sin embargo, el *teknón* no es aún suficientemente maduro.

- En Romanos 9:8-11 Pablo usa la palabra *teknón* para referirse a aquellos hijos espirituales que van madurando respecto a su propósito y se encaminan hacia su llamado.

3. UIÓS

- Este es el tipo de hijo que ya ha madurado lo suficiente como para asumir responsabilidades, pues ha respondido positivamente a sus procesos de formación. Es un hijo que ha adquirido el criterio maduro del Padre.

- En Lucas 9:35, la voz del Padre que viene desde el cielo afirma la madurez de Jesús, el Hijo en quien se complace. Allí se usa el término *uiós*.

- Al iniciar el relato del evangelio de Mateo, también se usa el mismo término para referirse a Jesús.

LOS DISCÍPULOS ESTAMOS EN CONSTANTE CRECIMIENTO PARA SER FORMADOS COMO HIJOS MADUROS

Los discípulos estamos en constante crecimiento para ser formados como hijos maduros. Un discípulo es esencialmente un hijo de Dios que va madurando, alguien que va aprobando los procesos de crecimiento en los que va siendo sometido a prueba. Desde un principio, cuando recibe tareas simples y a veces falla al obedecer, hasta que, conforme va pasando el tiempo, va dando pasos de mayor obediencia y eso le hace madurar. Un hijo inmaduro no puede recibir mayores responsabilidades del Padre. Aún pide alimento y abrigo, y ruega por protección, en lugar de saber confiadamente que el Padre siempre le proveerá, protegerá y suplirá lo que sea necesario, tal como pensaría un hijo maduro.

🔒 NIÉGATE A

En un mundo en el que la gente es instada a dejarse guiar por lo que quiere en el momento, resulta urgente identificar aquello que es necesario e importante, para separarlo de aquello que solo es relleno. El orgullo usualmente se asemeja a un globo inflado de mucho aire inútil, que al pasar el tiempo termina escapando. Un discípulo lleno de orgullo no ha aprendido a ser como Jesús en ese área. Será alguien que piensa que no comete errores, que se autojustifica por todo, y que no acepta consejos sino que vive en la necedad de su corazón. Si hay algún veneno que contamina el alma de una persona, ese es el orgullo. Y, como todo veneno, hay que saber desarraigarlo de nuestra vida.

EN UN MUNDO EN EL QUE LA GENTE ES INSTADA A DEJARSE GUIAR POR LO QUE QUIERE EN EL MOMENTO, RESULTA URGENTE IDENTIFICAR AQUELLO QUE ES NECESARIO E IMPORTANTE

Algunas formas de orgullo son:

- **Orgullo familiar**, o por el apellido o linaje. Este tipo de orgullo hace que nos sintamos más valiosos o importantes que otros por haber nacido en determinada familia.

- **Orgullo racial.** Muchas veces se nos motiva a sentirnos orgullosos de nuestra raza o condición social, pero la Escritura dice que el Padre no hace distinción entre judíos ni griegos, ni se fija en nacionalidades o razas, sino que Él mira los corazones.

- **Dureza de corazón.** Cuando el corazón de una persona se ha endurecido, no permite que la palabra de Dios entre y entonces no puede ser moldeado a la imagen de Cristo.

- **Soberbia**. Esta forma de orgullo incluye intentar mostrarse ante los demás, hacerse notar, querer que los demás le reconozcan como alguien mejor que otros, o alardear.

- **Altivez**. La escritura menciona la altivez de ojos y de corazón, y esto habla de la condición de nuestro ser interior. Alguien altivo puede no mostrarse orgulloso delante de los demás, pero así lo siente y piensa.

Negarse a uno mismo en el área del orgullo podría significar ceder en una discusión a pesar de saber que se está en lo cierto, o aprender a reconocer un error, o acercarse a pedir perdón cuando sea necesario.

🖐 ACUDE AL LLAMADO

Un útil ejercicio y un buen compromiso a largo plazo para los discípulos es permanecer evaluándonos periódicamente para poder mantener a raya cualquier vicio del carácter.

Un llamado de atención puede ser identificar estas frases en nuestra propia vida:

1. Orgullo autosuficiente:
    - No necesito de nadie. ______
    - Yo puedo solo. ______
    - No me gusta pedir ayuda. ______

2. Orgullo de menosprecio:
    - Siento que soy más valioso que otros. ______
    - Doy valor a las personas por lo que hacen y no por lo que son. ______
    - No puedo ver cosas buenas en los demás. ______

3. Orgullo de falta de perdón:
    - No puedo perdonar a una o varias personas. ______
    - Me resiento con otros fácilmente. ______

- Me descontrolo con facilidad y me enciendo en ira. _____

4. Orgullo de apariencia:
   - Pienso que no merezco el amor ni la atención de nadie. _____
   - Digo que no me importa si me hirieron o me abandonaron. _____
   - No me gusta expresar mis emociones. _____

5. Orgullo de terquedad:
   - No puedo admitir que me equivoqué. _____
   - No acepto sugerencias de otros fácilmente. _____
   - Me molesta o duele si mi idea no se realiza al pie de la letra. _____

6. Orgullo de dureza de corazón:
   - No puedo aceptar verdades bíblicas con facilidad. _____
   - No me duelen las circunstancias de los demás. _____
   - Soy egoísta y avaro. _____
   - No tomo en cuenta a Dios para la administración del dinero. _____
   - Me molesta la idea de dar para la obra de Dios. _____
   - Pongo mis propios argumentos para no dar los diezmos y ofrendas. _____

7. Orgullo de rebelión:
   - Me cuesta someterme a las autoridades. _____
   - Me gusta argumentar, creando un ambiente de conflicto. _____
   - Incito a otros a rebelarse o a pelear. _____

8. Orgullo de exaltación:
   - Me muestro arrogante en ocasiones. _____
   - Me jacto continuamente de cosas que he hecho. _____
   - Me gusta que otros me reconozcan y me feliciten por mi labor. _____

- Me gusta ser el primero en todo y me molesta cuando no lo soy. _____

- No soporto que otros sean reconocidos, admirados o elogiados. _____

- Me cuesta trabajar en equipo o ceder mi lugar o posición. _____

Al notar la presencia de estas frases es bueno hacer un plan personal para cambiar aquellos hábitos relacionados con el orgullo que está detrás de ellas. El llamado es a permanecer creciendo en parecernos más a Jesús, y en esto lograremos avanzar en la medida en que nuestro carácter le vaya dando cada vez menos lugar a la autosuficiencia.

LECCIÓN 4

LA RAZÓN Y LA FE

«Demonizar la inteligencia y el pensamiento crítico es darle al enemigo herramientas que no le pertenecen».
Alex Sampedro (*Artesano*)

La ciencia y la fe no son enemigas. Al contrario. Son poderosas cuando suman fuerzas para el beneficio humano. Hay desafíos que la ciencia nunca superará sin la fe y la fe nunca será suficiente cuando sea necesaria la ciencia.

El lema de la organización RZIM (*Ravi Zacharias International Ministries*) dice: «Enseñando al pensador a creer y al creyente a pensar» y es un gran intento por devolver la unidad a estos dos conceptos.

La razón y la fe deben ir de la mano y este tema es importante para tus jóvenes porque en el mundo de la universidad es cuando se hace más notorio que hay muchos pensadores que han declinado de la fe, y una enorme cantidad de creyentes que han renunciado a la ciencia. Argumentos van y vienen para justificar los enunciados de cada bando, sin pensar en la posibilidad de que podrían caminar juntos.

HAY MUCHOS PENSADORES QUE HAN DECLINADO DE LA FE, Y UNA ENORME CANTIDAD DE CREYENTES QUE HAN RENUNCIADO A LA CIENCIA

Divorciar la fe de la razón es un error no justificado porque ambas herramientas son necesarias y compatibles para la maduración humana integral.

⬖ CONOCE EL ENTORNO

Envía a tus jóvenes a revisar algunos de los argumentos del ateísmo. Puedes comparar datos estadísticos de los ateos en tu país o continente. Este ejercicio les permitirá tener un acercamiento a un mundo que usualmente los creyentes no queremos ver. Notarás que, además del ateísmo, se encontrarán con otras perspectivas que también sería bueno que conozcan, como el deísmo, el teísmo y otras más.

Incluso pueden hacer un análisis de su entorno familiar. Desde una estructura de familia extendida, tomando en cuenta papás, tíos, abuelos, primos y todos los parientes en primer y segundo grado de consanguinidad, pueden realizar entrevistas para averiguar:

- ¿Cuántos de ellos se consideran creyentes?

- ¿Cuántos se consideran espirituales, pero no religiosos?

- ¿Quiénes de ellos consideran que la fe es mayor que lo que dice la ciencia?

- ¿Quiénes de ellos consideran que la ciencia tiene argumentos que la fe no puede explicar?

- ¿Hay algún deísta o teísta entre ellos? (Más adelante explicaremos más sobre esto).

- ¿Alguno de ellos se considera gnóstico o agnóstico?

- ¿Cuántos de ellos son parte de otra religión que no sea la cristiana?

Hacer un análisis de su familia basado en estas preguntas le ayudará al joven a tener un panorama más claro sobre aquello en lo que su familia cree. Como verán, hay más que solo «creyentes» y «no creyentes». Existe una gama muy compleja de actitudes y reacciones respecto del evangelio, y tener por escrito este análisis acerca de las creencias de su familia puede darle pautas interesantes a cada joven.

👥 APRENDE CONMIGO

La conducta del ser humano se rige por aquello en lo que cree y piensa. Si existe una conducta recurrente, sea cual fuere, siempre estará ligada a los pensamientos que circundan la mente de la persona. Desde las cosas más simples, como cruzar la calle o decidir qué ropa vestir, hasta las conductas más extremas, como adicciones y comportamientos obsesivos, todos ellos son la consecuencia de aquello que la mente cree.

Si nuestras acciones están determinadas por lo que pensamos, entonces Pablo tenía mucha razón cuando decía que debemos renovar nuestra mente. Él no se refería solo al momento de la conversión a Cristo. De hecho, convertirse a Jesús no se trata simplemente de un acto intelectual (en el sentido de haber creído antes en cualquier cosa y a partir de cierto punto empezar a tener fe en el Salvador), sino que, por el contrario, se trata de un proceso paulatino de pequeños encuentros que van ahondando en la mente y en el corazón de la persona hasta que al final se rinde ante los argumentos de la fe. Esta es la labor del Espíritu Santo.

TODO AQUELLO QUE HACEMOS ESTÁ LIGADO A LO QUE PENSAMOS

Lo cierto es que todo aquello que hacemos está ligado a lo que pensamos, y desde este punto de vista, el pensamiento describe aquello en lo que creemos. Sin el pensamiento nunca hubiera existido la fe, aunque hoy en día muchos de los que promulgamos la fe en Cristo tenemos la tendencia a desconocer el valor de un pensamiento certero y crítico. Esto sucede, quizás, porque nos enseñaron a no debatir sobre las cosas de Dios y sobre lo que dicen las Escrituras, sino a aceptarlas sin hacer preguntas. Esto es un error y de hecho, hay testimonios de grandes pensadores que en un inicio fueron ateos y que decididos a comprobar la inexistencia de Dios terminaron encontrándolo. Esto sucedió porque decidieron cuestionarse acerca de ello. Claro que no estamos hablando de un cuestionamiento soberbio y desafiante sino de hacer preguntas honestas.

POR EJEMPLO:

Alguien te dice que cree en la evolución. Tú, como cristiano, le dices que tú crees que Dios lo hizo todo. Entonces, recibes su burla, pues él te dice que la teoría de la evolución está comprobada, lo cual es prácticamente imposible de sostener ya que por eso se llama teoría. Es decir, es una explicación posible de cómo se dio la progresión de las especies , y por eso tiene todavía eslabones sueltos.

PIENSA POR UN MOMENTO:

¿Es comprobable que en la historia de la creación hubo especies que se han adaptado mejor a ciertas circunstancias que otras?

La respuesta es sí.

Pero...

¿De qué manera eso niega que Dios haya iniciado el proceso?

La realidad práctica es que muchas personas creen exactamente lo mismo, pero unas te dirán que creen en la teoría de la evolución y otras te dirán que creen en la teoría del creacionismo.

Lo sabio es hacer las preguntas correctas, y los cristianos tenemos que ser lo suficientemente humildes como para reconocer que no tenemos la respuesta a todas las preguntas referidas a la creación, justamente porque Dios quiso que desarrollemos la razón y la ciencia para descubrir nuestras propias respuestas.

 MEDITA EN UN MODELO

WILLIAM LANE CRAIG

William es un filósofo y teólogo reconocido como uno de los mayores exponentes en la defensa del evangelio en todo el mundo.

En una sociedad en la que mucha gente duda de la existencia de Dios, necesitamos más hombres como este, que se levanten a decir lo contrario como una voz profética y también científica.

Una de sus más famosas defensas tiene que ver con el origen del universo. El argumento cosmológico Kalam, que consta de 3 enunciados, dice así:

1. Todo lo que comienza a existir tiene una causa para su existencia.

2. El universo comenzó a existir.

3. El universo tiene una causa para su existencia.

Usando este principio, Craig defiende aquello que es la primera causa sin causa: Dios. Uno de sus libros más famosos, el cual nos inspiró para la escritura de este capítulo, se titula *Fe razonable.* ¡Si te pudiéramos recomendar un solo libro que hable de unir la razón y la fe, sería este!

Personas como William Lane Craig son un ejemplo que nos recuerda que no es necesario abandonar nuestra fe cuando los argumentos de los otros parecen mejores, sino que lo que debemos hacer es investigar y aprender hasta que nuestros argumentos sean lo suficientemente sólidos como para enfrentar a un mundo que grita a los cuatro vientos que no cree en Dios.

> *«Como no podemos persuadir a todos, nuestro objetivo debe ser hacer que nuestro caso apologético acumulativo sea lo más persuasivo posible. Esto se puede hacer mejor apelando a hechos que son ampliamente aceptados o a intuiciones que se comparten comúnmente (sentido común)».*
> **William Lane Craig (Fe razonable)**

Un verdadero discípulo de Jesús se llenará de los mejores argumentos para defender su fe. Así lo ha hecho Craig, y así también podemos hacerlo nosotros.

📖 ILUMÍNATE CON LA VERDAD

Para muchos, la Biblia es un libro de fe y cuestiones espirituales. Sin embargo, la Palabra de Dios contiene mucho más que solo argumentos de fe. En ella hay historia muy bien detallada, hay filosofía y también ciencia aunque no sea un libro de carácter científico ni ese sea su propósito.

Como dice el escritor de la carta a los Hebreos:

> *«La palabra de Dios es viva y poderosa. Es más cortante que una espada de dos filos que penetra hasta lo más profundo de nuestro ser, y examina nuestros más íntimos pensamientos y los deseos de nuestro corazón. Nada de lo que él ha creado puede esconderse de aquel a quien tendremos que rendir cuentas de nuestros hechos».*
>
> **Hebreos 4:12-13**

Este texto habla del poder contundente de la Palabra de Dios. Pero ¿dónde se evidencia tal poder, como para que tengamos la certeza de que es real? Ciertamente, en la capacidad de tocar en lo más profundo de nuestro ser dos aspectos fundamentales inherentes al ser humano: los pensamientos y las intenciones del corazón.

Por un lado, está lo que hay en la mente, y por el otro, lo que dice el corazón. Por un lado están los argumentos, y por el otro, las emociones. Por un lado está el conocimiento, y por el otro, la convicción. La Palabra de Dios nos ayuda a conciliar ambas realidades.

Aquellas cosas en las que hemos creído antes de entenderlas, un estudio profundo de la Palabra de Dios nos ayuda a entenderlas. Y aquellas cosas que hemos entendido con la mente sin poder creerlas por completo, la misma Palabra de Dios nos ayuda a experimentarlas, llevándonos así a nuevos niveles de fe.

El verso 13 que acabamos de leer nos habla de que todo ha sido creado por Él, y por eso nada le es oculto. Dios, que conoce el corazón de cada persona, sabe si alguna rechaza el evangelio por causa de los argumentos, o por causa de las heridas del alma, y puede tocar a ambas personas a través del poder de su Palabra.

Medita ahora en este otro pasaje de la Escritura:

> *«Jesús respondió: —'Amarás al Señor tu Dios con todo tu corazón, con toda tu alma y con toda tu mente'. Este es el primero y el más importante de los mandamientos. El segundo es similar: 'Amarás a tu prójimo con el mismo amor con que te amas a ti mismo'».*
>
> **Mateo 22:37-39**

Cuando a Jesús le preguntaron cuál era el mandamiento más importante, Él respondió esto: amar a Dios con el corazón, el alma, y la mente. Cuando habla de la mente, se refiere a una fe intelectual. Por esto sabemos que no tenemos una fe ciega, sino una fe que se llena del conocimiento de su Palabra para sostener el fundamento de esta fe. Si solamente nos quedáramos con lo que cree el corazón o lo que siente el alma, entonces nuestra forma de amar a Dios estaría incompleta,

NUESTRA MENTE DEBE SER SATISFECHA, AL IGUAL QUE NUESTRAS EMOCIONES, A TRAVÉS DE ENCUENTROS PERSONALES CON EL CREADOR

pues nosotros no podemos estar divididos. Nuestra mente debe ser satisfecha, al igual que nuestras emociones, a través de encuentros personales con el Creador.

A veces somos guiados a pensar que tener argumentos es algo negativo para nuestra fe, pero no es así. Por el contrario, tener mejores argumentos fortalece nuestra fe a tal punto que sea invencible.

En su libro *Evidencia que exige un veredicto*, Josh McDowell cita a John Warmick y Herbert Butterfield, quienes sostienen que no se puede separar el Jesús histórico del Jesús de la fe. Esto quiere decir que nuestra fe es genuina en tanto y en cuanto se mantiene fiel a la realidad histórica de la existencia de Jesús, sus hechos y palabras. Por eso, tanto la fe de convicción espiritual, como la fe estructuralmente pensada, son ámbitos que se complementan.

«No crean ustedes que les hemos estado relatando cuentos de hadas, cuando les hemos hablado del poder de nuestro Señor Jesucristo y de su segundo advenimiento. No. Con nuestros propios ojos vimos su majestad».
2 Pedro 1:16

En este verso el apóstol Pedro confronta el pensamiento de muchos de los presentes respecto de la veracidad de su predicación. No se trataba de cuentos de hadas ni de cosas inventadas, y por eso el mejor argumento que tuvo Pedro fue decirles: «¡Yo estuve allí, lo vi con mis propios ojos, lo toqué, lo viví, lo experimenté con mi corazón!». Desde aquel tiempo, la veracidad de todo lo ocurrido con Jesús y lo que la Palabra de Dios relata, se validan en base al testimonio de muchos. ¡Y tanta verdad hay allí que al conocerla nos trae libertad!

«Así comprobamos el cumplimiento de las profecías, y ustedes hacen bien en examinarlas cuidadosamente. Ellas son como antorchas que disipan la oscuridad, hasta que el día esclarezca y la estrella de la mañana brille en sus corazones».
2 Pedro 1:19

Es verdad lo que dice Pedro. El cumplimiento de las profecías es un análisis de hechos indiscutibles, y haremos bien en examinarlas cuidadosamente, porque cada una nos da certeza de la verdad que hay en ellas. Aquí vemos una vez más cómo el cuidadoso examen de las Escrituras nos puede traer una convicción firme, que será como una antorcha en los lugares de mayor oscuridad, es decir, los lugares de menos fe.

🔒 NIÉGATE A

No podemos negarnos a las dudas porque es natural y hasta positivo tenerlas. ¿Por qué? Porque a través de ellas aprendemos. Cuando tenemos dudas de algo es porque queremos saber de ese algo. Sentimos intriga y curiosidad, y ese es un mecanismo diseñado por Dios para nuestro aprendizaje. A lo que debemos negarnos es a ignorar o a esconder nuestras dudas.

Como discípulos de Cristo, tenemos que trabajar en nuestras dudas para elaborar una fe cada vez más sólida. Una duda que dejemos no resuelta, ya sea por miedo de enfrentarla o por pereza, puede convertirse en un virus capaz de contaminar hasta lo más profundo de nuestra mente. Cuando la duda, que es buena, es utilizada por Satanás, que es malo, lo que él desea es llegue afectar tu fe, ya que él irá por aquello en lo que no tienes seguridad...

> **UNA DUDA QUE DEJEMOS NO RESUELTA, YA SEA POR MIEDO DE ENFRENTARLA O POR PEREZA, PUEDE CONVERTIRSE EN UN VIRUS CAPAZ DE CONTAMINAR NUESTRA MENTE**

No es posible estar en el medio. Servir a dos señores, creer la mitad de las cosas, o tener una fe distinta de acuerdo a la ocasión. Niégate a no hacer nada con tus dudas. Aquel que se convierte en un discípulo debe decidir renunciar a toda forma de doctrina que vaya en contra de su fe, pero no debe hacerlo ciegamente, sino con los argumentos necesarios para defender lo que cree.

ACUDE AL LLAMADO

Anima a tus jóvenes a dialogar sobre la fe con amigos no cristianos, invitándoles a expresar sus dudas.

Reúne también a tus jóvenes con algunos de sus amigos que cuestionan la fe para que puedan escucharte a ti, y evade la tentación de crear un clima de confrontación. Que todos tengan presente que no será un espacio para obligar a nadie a creer en algo en lo que no cree, sino para conocer mejor cuáles son sus pensamientos en cuanto a la fe y que entiendan mejor los nuestros. De hecho, una de las mejores tácticas para ayudar a alguien a darse cuenta de sus errores es haciéndole preguntas.

Probablemente algunos tendrán argumentos en contra de las religiones, o referidos a los malos testimonios de ciertos creyentes. Déjales expresarlos y no defiendas lo indefendible. Y si las preguntas apuntan a la historicidad de ciertas históricas bíblicas, no trates de demostrarles que están equivocados sino ayúdales a enfocarse en lo que esas historias significan. De esta manera, tus jóvenes del grupo de discipulado aprenderán no solo a responder sus dudas sino las de otros y serán personas mejor preparadas para dar cuenta de lo que creen.

Si crees que están listos, dales algunas responsabilidades a tus jóvenes para que participen, pero evalúa con sabiduría el estado emocional y espiritual de cada uno. De hecho, una posibilidad es que la primera vez seas tú quien lidere este tipo de reuniones, y luego puedas convocar a otras reuniones similares pero que sean algunos de ellos quienes conduzcan las que siguen con lo que aprendieron viéndote.

LECCIÓN 5

INTELIGENCIA SEXUAL

*«Sería una lástima que pudiendo hacer el amor,
solo termines teniendo sexo».*
Lucas Leys (*Diferente*)

La sexualidad toca todos los aspectos del ser humano ya que está íntimamente ligada a nuestra identidad, y por eso es un tema tan sensible.

Empezando por el hecho de que un acto sexual nos trae a la vida; de allí en adelante, nuestra percepción y el manejo de nuestra sexualidad tendrán mucho que ver con la clase de discípulos que llegaremos a ser. En la niñez, la sexualidad se inicia con el reconocimiento del género, el manejo de la desnudez, el apego a papá o mamá, y el rol que ocupamos como varones o mujeres. La preadolescencia está marcada por la aparición de los caracteres sexuales secundarios. La adolescencia y la juventud conllevan mayores luchas, como la atracción sexual, el enamoramiento, o incluso adicciones como la pornografía y la masturbación, la promiscuidad, y otros tipos de conductas peligrosas.

La continua hipersexualización de los medios sociales ha terminado de instalar una conceptualización de la sexualidad que solo pasa por lo físico. En más de una película o canción te dirán lo opuesto en palabras, pero entre líneas, aunque relacionen el sexo con el amor, el verdadero mensaje es que no tienen nada que ver con el amor sino exclusivamente con una atracción animal que surge de la propia atracción, necesidad, y placer, y no del amor al otro.

LA SEXUALIDAD SIN INTELIGENCIA ES UN RIESGO DEMASIADO ALTO

Estamos ante un mundo que ha menospreciado el amor verdadero, tal como profetizó Jesús en Mateo 24:12 cuando dijo: *«Habrá tanto pecado y maldad, que el amor de muchos se enfriará»*. En efecto, la forma como la sociedad asume los conceptos relacionados con la sexualidad nos hace ver que el amor genuino se ha desdibujado o en sentimientos o en atracción carnal, rebajando la compresión de qué es el amor, a la más básica satisfacción de los deseos personales.

¿Qué hacemos los cristianos entonces? Si nos centramos en las opciones fatalistas, corremos el riesgo de ofrecer al mundo una imagen equivocada de la libertad que tenemos en Cristo. Y si tomamos a la ligera este tema, lograremos desencantar a la gente del evangelio, sobre todo a los jóvenes.

La expresión «inteligencia sexual» contiene dos palabras que, aparentemente, no están relacionadas entre sí. Sin embargo, hoy más que nunca, necesitamos unirlas. En la juventud tenemos que darle todo el cerebro a nuestras decisiones relacionadas con la sexualidad porque la sexualidad sin inteligencia es un riesgo demasiado alto.

◈ CONOCE EL ENTORNO

Prepara y discute una lista de preguntas abiertas referentes al pensamiento de la sociedad sobre la sexualidad. Algunas ideas pueden ser:

¿Cuál es la diferencia entre tener sexo y hacer el amor?

¿Cuáles son los mensajes más comunes sobre la sexualidad en las redes sociales?

¿Cómo se define lo bueno y lo malo en cuanto a la sexualidad?

En ocasiones podemos asumir algo que no es real sencillamente por no haber preguntado, así que es bueno comenzar por aquí. Un conversatorio bien planificado puede ayudar a tus jóvenes a sentirse en confianza para tocar estos temas.

También los ayudará a analizar la información que usualmente difunden los medios de comunicación, y que no siempre es cierta.

Otras preguntas más personales que puedes añadir son:

¿Se habla en tu casa abiertamente sobre sexo?

¿De dónde provino la información que recibiste sobre este tema en tu adolescencia?

¿Sientes incomodidad al tratar este tipo de temas?

Finaliza la reunión dando gracias a todos por haber sido abiertos y sinceros al tocar este tema. Algunos jóvenes tienen la tendencia a guardar estas cosas dentro de sí y otros a ser tajantes en sus juicios sin dar lugar a la misericordia. Puede ser por diferentes motivos, pero sobre todo porque sienten culpa y vergüenza. Tu labor como discipulador es ayudarles a seguir confiando, escucharlos sin juzgarlos, y entregarles las herramientas necesarias para que puedan librarse de los pecados que les asedian y comiencen a manejar su sexualidad de una manera más inteligente.

APRENDE CONMIGO

Tus jóvenes fueron expuestos a demasiada información acerca de la sexualidad que no es adecuada ni veraz. Desde pequeños han visto imágenes e ideas sugerentes, ya sea en Internet o en TV y películas, y quizás hasta en algunos video juegos.

A lo que probablemente no fueron expuestos es a información respecto de las ETS (enfermedades de transmisión sexual) y de las consecuencias emocionales, psicosociales y hasta espirituales de vivir una sexualidad desordenada. Por eso te toca a ti hablar de eso.

Aquí puedes agregar algunas preguntas más:

- ¿Cuáles son las principales ETS que existen hoy en día en el mundo?

- ¿Cuáles son las estadísticas en nuestro país?

El propósito de esta lección no es ser alarmistas, ni que aprendan a manejarse bajo el esquema del temor, pero es importante que sepan acerca de este otro lado de la realidad. No lograremos demasiado si nos dedicamos a inculcarles miedo a nuestros jóvenes para que se alejen del sexo inseguro. Lo que necesitamos es poner inteligencia en sus decisiones, pues estas marcarán su destino, pero este aspecto debe ser conocido también.

Ahora pasa a las historias. Como siempre en este segundo paso de la secuencia CAMINA, tu testimonio personal es muy valioso y puedes incluir también otras historias cercanas a tu contexto.

Un efecto interesante de las historias se pudo corroborar hace un tiempo con la consecuencia estadística que tuvo la serie de MTV «Embarazada y Adolescente.» Alguno podría sospechar que la intención de hacerla fuera trivializar la posibilidad de quedar embarazada en la adolescencia pero el efecto estadístico sorprendió a más de uno porque al año de emitirse la serie, los embarazos adolescentes comenzaron a bajar en Estados Unidos.

¿Y qué de la pornografía? Esta palabra, que viene del griego *porneia*, se ha traducido en la Biblia como «fornicación», y se refiere a todas las formas de inmoralidad sexual que están fuera del diseño de Dios para la sexualidad. Cuando miras una foto o película pornográfica tu mente toma una fotografía y la almacena dentro de tu cerebro, y la ecuación es simple: cuanta más pornografía veas, más fotos almacenadas habrá en tu mente, ¡y ni pienses por un momento que eso no te va a afectar!

Lo que se puede observar en la adicción a la pornografía es la siguiente secuencia:

1. La persona mira pornografía quizás de forma casual o por curiosidad.

2. Se inicia una búsqueda intencional.

3. Se intensifica la búsqueda y comienza la adicción, ya que la persona encuentra casi imposible frenar la búsqueda.

4. Llega la insensibilidad a la pornografía suave. Las cosas que ha visto la persona ya no le producen satisfacción como antes, por lo que empieza una búsqueda de nuevas formas de pornografía para volver a sentir esa satisfacción.

5. El cerebro queda cautivo con acciones de sexo desordenado que impulsan deseos desordenados. (Esta secuencia la conocen muy bien quienes producen pornografía, y por eso juegan con la fantasía).

6. Actos sexuales. Toda esa búsqueda de sensaciones sexuales hace que la persona finalmente termine acudiendo a lugares o buscando personas para hacer realidad sus fantasías.

El trecho desde las primeras miradas hasta la adicción y el desorden es muy corto y rápido y por eso es importante advertirles sobre este proceso a nuestro jóvenes. Mientras la adicción a la pornografía se intensifica, se intensifica la insensibilidad respecto al otro porque el cebro comienza buscar desenfrenadamente la autosatisfacción sin considerar ninguna consecuencia. (Como por ejemplo el bienestar integral de las personas involucradas en las películas pornográficas y sus consecuencias en tantas familias rotas).

Ahora habla de lo puro y bello de la sexualidad y de por qué el plan de Dios es que dos personas se guarden en pureza el uno para el otro. Por si nunca lo escuchaste con claridad, la razón es muy simple: Dos personas que comparten su sexualidad están compartiendo su más profunda identidad y por eso el acto sexual une mucho más allá de lo físico. Este compartirse es muchísimos mas seguro y sublime cuando se hace entre dos personas que tienen un pleno compromiso la una con la otra, y eso es justamente el matrimonio. (Si tus jóvenes aún no leyeron el libro *Diferente* sería muy bueno que lo hagan pronto. Como parte de esta clase podrías hacer que todos lean el capítulo Sexo Espiritual la misma semana).

MEDITA EN UN MODELO

JOSH MCDOWELL

Josh es un conferencista cristiano y escritor de varios libros. Sus dos temas más destacados han sido la sexualidad y la apologética. McDowell nació en Michigan en el año 1939. Creció con varios conflictos en su autoestima, ocasionados mayormente por el maltrato que recibía de su padre alcohólico. Una de las cosas que marcó negativamente su niñez y adolescencia fue el abuso sexual del que fue víctima y que se relata en la película biográfica *Inquebrantable*.

Josh cuestionó la fe durante muchos años, considerándose a sí mismo ateo durante su adolescencia y parte de su juventud, hasta el punto de decidirse a preparar una tesis para refutar la fe cristiana con evidencias históricas y científicas. Pero los designios de Dios no eran esos... y Josh se convirtió al evangelio justamente por los resultados de su propio estudio histórico sobre la fe en Cristo. Con estas mismas pruebas se preparó luego en teología, y así desarrolló sus argumentos apologéticos para defender la causa de Cristo.

Muchos pastores, educadores y líderes juveniles han sido influenciados por Josh en los últimos años, sobre todo al escucharle hablar de manera tan contundente acerca de la sexualidad.

Josh McDowell desarrolló su capacidad para escribir con detalles profundos pero a la vez sencillos de comprender para cualquiera, de un tema tan complejo como es la sexualidad y siendo honesto respecto de sus propias luchas.

El mismo Josh escribe:

> *«Tu órgano sexual más poderoso no se cubre con un traje de baño.*
> *La clave máxima para el sexo no se encuentra entre tus piernas.*
> *Se encuentra entre tus orejas.*
> *Cuando se trata del sexo, la magia se da en tu cerebro.»*
> **Josh McDowell (La verdad desnuda)**

📖 ILUMÍNATE CON LA VERDAD

La Palabra de Dios es una instrucción viva que dirige al ser humano en todos sus caminos y obviamente, entonces, tiene mucho para decir acerca del ámbito sexual.

Algunos pasajes clásicos acerca de sexualidad en la Biblia son 1 Corintios 6:12, y 1 Corintios 10:23, que hablan de que hay cosas que no nos convienen y claro, también está el texto vital de 1 Corintios 6:19, que habla del cuerpo como templo de Espíritu Santo. Estos textos sobre la santidad y la pureza son fundamentales, aunque hay otros menos conocidos. En la carta los Hebreos encontramos uno de ellos:

«Que todos respeten el matrimonio y mantengan la pureza de sus relaciones matrimoniales; porque Dios juzgará a los que cometen inmoralidades sexuales y a los que cometen adulterio».
Hebreos 13:4 (DHH)

Aunque tus jóvenes sean solteros hoy, la mayoría de ellos no lo será mañana, o al menos comenzarán relaciones amorosas y necesitarán un proyecto que cuidar, y por eso estas palabras son tan vitales.

Cualquier acto de impureza sexual que cometan previo al matrimonio, estará deshonrando su lecho matrimonial, y es crucial enseñarles que las adicciones sexuales no superadas en la juventud se llevarán al matrimonio. Los malos hábitos, la pornografía, la masturbación, la impureza sexual, todo lo que no fue superado en la soltería, se manifestará en el matrimonio de alguna manera.

Otro pasaje bíblico importantísimo es este:

«El que practica el pecado pertenece al diablo, porque el diablo comenzó a pecar desde el principio. Pero el Hijo de Dios vino a destruir las obras del diablo. El que ha nacido de Dios no practica el pecado, porque la vida de Dios está en él; no puede vivir entregado al pecado porque ha nacido de Dios».
1 Juan 3:8-9

A MAYOR CONCIENCIA DE LA PATERNIDAD DE DIOS SOBRE NUESTRA VIDA, MENOR NECESIDAD DE PECAR TENDREMOS

Qué texto fuerte, ¿cierto?

Los cristianos pecamos, pero no podemos estar entregados al pecado. Estas son dos realidades diferentes. Si estamos entregados al pecado, es decir, rendidos ante él, es porque no entendimos la gracia de Dios. No confiamos en su plan y voluntad como para dejar lo que nos destruye. Es fundamental que tus jóvenes se topen con esta idea.

La clave para esta confianza está en adquirir un sentido profundo de la paternidad de Dios sobre nuestra vida. A esto se refiere el pasaje cuando habla de «nacer de Dios». Jesús se lo explicó a Nicodemo en Juan capítulo 3.

Hay un misterio poderoso en comprender la paternidad de Dios y su gracia que logra que disminuya nuestra propensión a pecar. Es el milagro del agradecimiento y la confianza.

Si estamos agradecidos a Dios por su amor de adopción y confiamos en su identidad, nuestra propensión será huir del pecado por simple ley de gravedad.

Y si bien es cierto que seguimos siendo humanos, imperfectos y falibles, debemos confiar en que lo que dice la Escritura es real porque la vida cristiana sana no se trata del algunos eventos aislados de un lado o del otro del bien, sino de la dirección correcta de nuestras vidas. Es un proceso en el que, a mayor conciencia de la paternidad de Dios sobre nuestra vida, menor necesidad de pecar tendremos.

«¿Qué podemos decir? ¿Seguiremos pecando para que el amor gratuito de Dios abunde aún más? ¡Por supuesto que no! Los que ya hemos muerto para el pecado, ¿cómo vamos a seguir viviendo en pecado?».
Romanos 6:1-2

🔒 NIÉGATE A

Estar muertos al pecado significa no desearlo. Implica renunciar a todas aquellas tentaciones que antes nos habíamos permitido, y que ahora no nos permitiremos más. Requiere poner nuestros sentimientos y deseos a un lado, para sostener con firmeza la decisión de no pecar. Es un acto consciente del intelecto, sumado a la sumisión inteligente del alma y las emociones; un ejercicio pleno de la voluntad dispuesta a someterse a Cristo.

Neil Anderson, en el libro *Una vía de escape* escribe que «Dios no nos manda a hacer algo que no podamos hacer, o que el diablo pueda impedirnos hacer. En Cristo usted ha muerto al pecado, y el diablo no puede hacerle nada. Lo tentará, lo acusará y tratará de engañarlo, pero si el pecado reina en su cuerpo es porque usted ha permitido que así sea. Usted es responsable por sus propias actitudes y acciones.»

PODEMOS NEGARNOS A LUCHAR EN SECRETO CON LOS PECADOS SECRETOS

Y no solo al pecado es bueno renunciar, sino a luchar solos contra él. Para eso también existe el grupo de discipulado y podemos negarnos a luchar en secreto con los pecados secretos animándonos a cuidarnos los unos a los otros confesando nuestras luchas y caídas para levantarnos entre todos.

✋ ACUDE AL LLAMADO

Algunas de las siguientes actividades podrían tomarte una semana o dos, o incluso hasta un mes. Depende de cuán lejos quieras ir con el tema y la lección. Recuerda que la necesidad de tus jóvenes de aprender a tomar decisiones inteligentes con respecto a estos temas es urgente y es vital para su futuro.

Algunas actividades que puedes organizar son:

- **Conversatorio sobre ETS.** Planifica un conversatorio sobre enfermedades de transmisión sexual. Puedes organizarlo con tus jóvenes o unirte con otros grupos de jóvenes de otras iglesias. Invita a un par de médicos cristianos a quienes hayas entrevistado antes para saber en qué creen y cuál es su conocimiento sobre las mismas. Busca previamente algunas estadísticas sobre las ETS en tu país y en el mundo y escríbelas en carteles puestos alrededor del salón. La idea es que los jóvenes mismos puedan ser parte de un movimiento que busque fomentar la pureza y brinde la información adecuada como para que otros jóvenes puedan tomar sus decisiones con inteligencia sexual.

- **Panel de madres y padres solteros.** Organiza un panel con hombres y mujeres que hayan sido padres a temprana edad sin haberse casado. De preferencia, busca líderes adultos con buen testimonio y cuya historia pueda ser relatada. Hazles una serie de preguntas que revelen lo difícil que fue su condición. Hablen acerca de su relación con sus propios padres, y de los motivos por los que ellos creen que este embarazo no planeado llegó. ¡Será una oportunidad interesante para que tus jóvenes puedan tener otra mirada sobre el tema!

- **Conferencia sobre pornografía.** Habla claro con tus jóvenes acerca de los riesgos de la pornografía y sus consecuencias. Busca algunas frases de autores que hablen al respecto. Tal vez incluso podrías invitar a un conferencista o a algún ministerio para que puedan dar la conferencia. Uno muy conocido es el ministerio «Libres en Cristo» y tal vez puedas encontrar otro similar en tu país o ciudad. En el Instituto de e625.com hay un curso de actualización respecto a los engaños de la pornografía.

Lo que cada joven discípulo debe recordar con seguridad como resultado de esta clase es que:

- La sexualidad va más allá de la dimensión física.

- Dios quiere que disfruten una sexualidad sana.

- Lo que hacen hoy con sus cuerpos y mentes tiene consecuencias en el presente y en el futuro de otras personas.

- Aunque a veces cedamos a ciertas tentaciones, es posible y vital cuidar la trayectoria de nuestras intenciones y permanecer luchando.

- Estamos para ayudarnos a caminar en pureza.

DECISIONES CRUCIALES

«Cuando alguien no cree en su mañana no encuentra suficientes razones para tomar buenas decisiones en su presente».
Lucas Leys (*Diferente*)

En la etapa de la juventud es donde se suelen tomar las decisiones más complejas y trascendentales de la vida. Muchas de ellas tienen el potencial de cambiar el futuro de una persona por completo, y por eso el proyecto del discipulado tiene todo que ver con ayudarles a los jóvenes a tomar las mejores decisiones que puedan tomar.

Uno de los grandes problemas que se observa en muchos jóvenes de hoy en día es la falta de capacidad para vivir su propia vida. Esto se puede notar en muchos aspectos. Estudiantes que no pueden terminar su carrera porque se distraen con las agendas de sus amigos y terminan alejándose de la meta que se plantearon al inicio. Jóvenes que creen todo lo que ven en las redes y viven intentando aparentar para impresionar a gente que será intrascendente en sus futuros. Estudiantes universitarios confundidos porque sus profesores les dijeron algo en lo que nunca pensaron, y que terminan renunciando a la fe porque se dejaron convencer por argumentos ateos sin quiera haber escuchado los verdaderos argumentos cristianos a pesar de criarse en una iglesia. Y ni hablar de jóvenes que no tienen un plan o al menos un sueño familiar para sus futuros porque están muy cómodos estirando su adolescencia.

EL PROYECTO DEL DISCIPULADO TIENE TODO QUE VER CON AYUDARLES A LOS JÓVENES A TOMAR LAS MEJORES DECISIONES QUE PUEDAN TOMAR

Un discípulo de Jesús debe ser consciente de su necesidad de tomar buenas decisiones en cada etapa de su vida, y para ello deberá buscar las opciones adecuadas para reducir el riesgo de errar en cualquiera de ellas. Como discipuladores, nosotros tenemos el poder de ayudar a nuestros jóvenes a tomar decisiones sabiamente.

Aunque la vida tiene muchos ámbitos importantes, hay tres temas que suelen ser críticos para los jóvenes: la vocación, la pareja y las decisiones financieras. Obviamente podríamos incluir también la fe, pero de esa decisión se trata todo el proyecto, así que en esta lección reflexionemos sobre las otras tres decisiones.

CONOCE EL ENTORNO

Pregúntales a tus jóvenes por qué creen que tantos jóvenes no terminan la universidad y por qué pareciera que el matrimonio se posterga en tantos casos.

Como pastor o líder, tú debes conocer la realidad de tu congregación, pero puedes sumar las opiniones de otros pastores y líderes de congregaciones amigas para tener un panorama más amplio sobre la realidad de tu entorno en lo que hace a estos temas.

¿Qué piensan los jóvenes de nuestras iglesias respecto de...?

- el matrimonio

- tener hijos

- la elección de una carrera

- construir una profesión

- el manejo del dinero

Envía a tus jóvenes a echar una mirada sobre cómo viven los hombres y mujeres mayores de 26 años y menores de 35 en su entorno. Envíalos a tener una conversación con algunos de ellos, para explorar sus situaciones y también sus motivaciones. Investiguen sobre los siguientes aspectos:

- ¿Cuántos son casados y cuántos solteros?

- ¿Han elegido una carrera, o bien han construido una profesión?

- ¿Se sienten satisfechos con sus decisiones?

- ¿Se han arrepentido de alguna de ellas?

- ¿Cuál es su postura respecto de los temas del listado anterior?

- ¿Hay un historial de deudas grandes en su familia?

- ¿Cuál es su política financiera para el manejo de tarjetas de crédito?

El hacer estas preguntas puede ayudarles a tus jóvenes a tener un panorama general sobre cómo se sienten los adultos jóvenes por las decisiones que han tomado en el pasado. Mirar a aquellos que ya han experimentado lo que a nosotros pronto nos tocará experimentar puede ser un gran aporte, pues nos ayuda a mirar con más claridad el futuro y puede ser crucial para evitar errores que otros ya cometieron.

APRENDE CONMIGO

En el estudio «Perspectivas económicas de América Latina» realizado por la ONU en colaboración con la CEPAL, el Banco de Desarrollo de América Latina y la OCDE, los índices de deserción escolar en la etapa de la adolescencia y juventud superan en general el 50% de la población y en algunos países llegan hasta el 70%. Los motivos son diversos, pero los porcentajes más altos se relacionan con la pobreza, el uso de alcohol y drogas, y el embarazo precoz. En cuanto a la pobreza, sabemos

MUCHAS VECES EN LA IGLESIA NOS DEDICAMOS A INTENTAR SOLUCIONAR LOS PROBLEMAS DE LAS PERSONAS, EN LUGAR DE AYUDAR A PREVENIRLOS

que muchos jóvenes se ven obligados a buscar un empleo o a generar algún tipo de emprendimiento para ayudar a sus familias, o bien para poder subsistir ellos mismos de manera independiente, pero los datos son cada vez más alarmantes en cuanto al uso de alcohol y drogas. Esta conducta no distingue entre gente acomodada y gente de escasos recursos.

Simplemente llega para minar a la persona y a su familia, y acabar con todas sus metas y anhelos. El caso del embarazo precoz también afecta los planes y el futuro de los jóvenes involucrados, puesto que la llegada de un bebé genera la necesidad de trabajar para sostener un hogar no buscado ni planificado.

Todo esto tiene que ver con decisiones. Si pudiéramos lograr que nuestros niños, adolescentes y jóvenes aprendieran a elegir con sabiduría, seguramente esos índices cambiarían.

Aprender a elegir adecuadamente en cada etapa de la vida es clave, ya que puede evitarnos innumerables problemas. Lamentablemente, lo que sucede es que muchas veces en la iglesia nos dedicamos a intentar solucionar los problemas de las personas, en lugar de ayudar a prevenirlos.

Habla de tu historia y la de gente cercana. Guiar a los jóvenes a tomar sus decisiones con sabiduría es un trabajo difícil porque es a largo plazo, y porque requiere la atención constante de los padres, maestros y líderes. En nuestro caso, como hijos de Dios, podemos pedirle a Él que nos ayude en la desafiante tarea de formar discípulos inteligentes.

 MEDITA EN UN MODELO

GIOVANNI OLAYA Y VANESSA GARZÓN

Giovanni y Vanessa son esposos. Él es arquitecto, aunque es mucho más conocido como rockero, vocalista de la banda colombiana Pescao Vivo. Ella es comunicadora social y modelo profesional. Su historia es un modelo de buenas decisiones en la vida a pesar de estar expuestos a muchas tentaciones, y la puedes encontrar en el libro titulado *El rockero y la modelo que llegaron vírgenes al matrimonio.*

Ser modelo profesional en un mundo tan difícil no fue fácil para Vanessa. Ella tuvo que aprender a vivir la exposición pública sin perder sus convicciones cristianas. Es de aquellas personas que sabe que es una hija de Dios antes que cualquier otra cosa. En su carrera profesional, ella tomó la decisión de no hacer desnudos, transparencias, ni tampoco participar en campañas de alcohol o cigarrillos. Son decisiones complicadas para alguien que quiere dedicarse al modelaje, pero sin duda han sido decisiones que la han ayudado a resguardar su fe y sus convicciones.

Giovanni viene de un hogar en crisis. Su madre era una líder de la iglesia, a quien muchos acudían por consejo, y él era de esos chicos que se crían dentro la iglesia, pero no fue así el caso de su hermano menor, Iván, quien para ese tiempo estaba ya inmerso en el mundo de las drogas. Este fue el catalizador que hizo que Giovanni buscara alternativas para que su hermano escuchara el evangelio, ¡y lo logró! Tras muchos años de esfuerzo y de oídos cerrados, finalmente la música que inventaba Giovanni fue lo que atrajo a su hermano Iván y a sus amigos hasta Jesús.

Vanessa y Giovanni tuvieron que atravesar varios procesos tomando decisiones difíciles. Elegirse el uno al otro para comprometerse para el matrimonio, sin dudas fue una decisión clave. Cuando uno toma una decisión así, se está asegurando un buen futuro o bien lo está poniendo en riesgo.

Por otra parte, teniendo en cuenta las carreras que ambos habían elegido, estaba claro que decidir ser un buen testimonio no sería nada fácil. En su libro *El rockero y la modelo*, ellos describen con detalle todas las peripecias que tuvieron que pasar para mantener sus convicciones intactas y una creciente relación con Dios. Vanessa cuenta cómo tuvo que ponerse firme cuando le pedían hacer algún tipo de modelaje indecoroso, como desnudos o trajes de baño. Muchos le cerraron las puertas por esa actitud, pero Dios le abrió otras. Y la decisión de ambos de guardarse puros en lo sexual hasta casarse es de aquellas decisiones que uno ya no ve a la gente tomar muy seguido. Claramente, no todos los días se conocen parejas así, pero hay muchas parejas que, gracias al testimonio de Vanessa y Giovanni, han tomado decisiones sabias para su vida, su futuro, su sexualidad y su carrera.

¿Conoces otros testimonios similares?

¿Cómo puedes utilizar el ejemplo de esta u otras parejas para confrontar, inspirar o enseñar a aquellos a quienes estás mentoreando?

📖 ILUMÍNATE CON LA VERDAD

Salomón tuvo la oportunidad de pedirle a Dios cualquier cosa que su mente imaginara y, de entre todo lo que pudo haber pedido, eligió sabiduría. A partir de allí, tuvo todo lo que quiso... Aunque igual luego tomó algunas decisiones equivocadas, demostrando que nunca podemos dejar de depender de Dios.

Mira esta descripción.

> *«El rey Salomón, además de la princesa egipcia, tuvo muchas mujeres extranjeras: moabitas, amonitas, edomitas, sidonias e hititas. Así que provenían de pueblos de los cuales el Señor claramente había ordenado a su pueblo: «No se casen con mujeres de esos pueblos, porque ellas los guiarán a adorar a sus dioses falsos». No obstante, Salomón no obedeció. Tuvo setecientas esposas y trescientas concubinas; y ellas hicieron que su corazón se apartara del Señor».*
> **1 Reyes 11:1-3**

La ecuación de Salomón fue simple: muchas esposas y muchos líos. La elección de una esposa o de un esposo demanda dirección de Dios. No porque sea algo mágico, sino porque es una cuestión de una evaluación inteligente.

Las preguntas prácticas son las siguientes:

¿Esta persona y yo compartimos valores del alma? ¿Cuáles exactamente?

¿Compartimos la fe?

¿Compartimos planes y proyectos de vida compatibles?

A la luz de la Biblia, estas preguntas deben ser respondidas con sabiduría, y Salomón es un recordatorio de que el consejo de Dios es mejor que cualquier criterio humano por más sabios que nos creamos.

Salomón eligió sus esposas por conveniencia política, y probablemente también por atracción sexual, pero esto trajo consecuencias desastrosas para él mismo, su linaje y toda una nación.

Muchos años después, Pablo escribió:

> *«Así que tengan mucho cuidado de cómo viven. Vivan como sabios, no como necios; aprovechen bien cada oportunidad, porque los días son malos; no sean tontos, sino traten de entender cuál es la voluntad de Dios».*
> **Efesios 5:15-17**

La sabiduría y la necedad son dos actitudes opuestas. La primera es una virtud, la segunda es un defecto del carácter. La sabiduría y la plena confianza en el Señor te llevarán al éxito, mientras que la necedad te hará perder personas, sueños y oportunidades.

¿Cómo es una persona sabia?

En la Palabra de Dios podemos hallar la verdadera sabiduría. El libro de Proverbios es famoso por la gran cantidad de perlas de sabiduría que podemos hallar en él. Estas son algunas de las características que, según este libro, distinguen a la persona sabia:

- **Sabe escuchar**: El sabio está atento a lo que Dios dice en cada aspecto de la vida. También es humilde para escuchar consejo (Proverbios 4:10).

- **Sabe discernir**: La capacidad para distinguir entre el bien y el mal, desde la perspectiva de Dios, le fue entregada el ser humano desde el Edén. El engaño de la serpiente fue hacerles pensar que serían sabios conociendo todo sin necesidad de Dios (Proverbios 1:7).

- **Sabe recibir corrección**: Dios nos dice que si escuchamos y prestamos atención a sus correcciones, Él nos abrirá su corazón y derramará su Espíritu en nosotros, y nos dará a conocer sus pensamientos (Proverbios 1:22-23).

- **Sabe callar**: Usualmente los primeros en hablar sin antes reflexionar terminan metiendo la pata. Un gran acto de sabiduría es pensar siempre antes de hablar, y saber cuándo directamente es mejor no decir nada (Proverbios 13:3).

- **Sabe ser humilde**: La humildad es una cualidad difícil de desarrollar, pero aquel que lo logra alcanza un gran nivel de madurez y sabiduría (Proverbios 15:33).

- **Sabe controlar su enojo**: La Palabra de Dios dice que el que se enoja fácilmente es necio, mientras que aquel que tarda en airarse es inteligente (Proverbios 14:29).

Lee con tus jóvenes el libro de Proverbios. Pueden leer todos los capítulos o enfocarse solo en dos o tres. Plantéales el desafío de extraer más principios de sabiduría como los de la lista anterior, usando el mismo formato. Puede tomarte una reunión, un día, una semana o un mes. Depende de cuánto quieras desarrollar este tema con ellos. La mejor parte será ayudarles luego a aplicar cada uno de los principios que encontraron a su vida diaria. ¡De eso se trata el ser y hacer discípulos de Cristo!

Finalmente, hablemos un poco sobre el manejo del dinero. Quizás sea el área menos comprendida, aunque sea un tema que aparece recurrentemente en la Escritura. Por ejemplo, la parábola del joven rico que leemos en Mateo 19:16-23, nos relata el encuentro de Jesús con un joven que tenía el corazón puesto en las riquezas. La actitud que tenga un joven hacia el dinero dirá mucho acerca de su carácter, y esta historia pone en evidencia la urgencia de entrenar mejor a nuestra juventud en lo que hace a las cuestiones financieras, tanto en el tema de manejar sus finanzas con justicia, así como en discernir el estado de su corazón cuando se trata del dinero.

> *«La riqueza mal ganada pronto se esfuma;*
> *la obtenida poco a poco se multiplica».*
> **Proverbios 13:11**

Tal vez las comunidades eclesiales no necesitarían idear maneras creativas para «motivar» a la gente a ser generosa y entregar sus ofrendas o diezmos, si tan solo enseñáramos a las nuevas generaciones los principios del reino sobre el manejo del dinero y camináramos con ellos ayudándoles a cumplirlos. Entonces tendríamos comunidades generosas, enfocadas en la misión global, y no llenas de deudas o preocupados porque la congregación no puede sostener a su propio pastor.

EL PASADO NO SE PUEDE CAMBIAR, PERO EN EL PRESENTE DEFINIMOS EL FUTURO

NIÉGATE A

El pasado no se puede cambiar, pero en el presente definimos el futuro. Alrededor de los 20 años es tiempo concentrarte en las decisiones que tienes por delante, pues cada decisión puede hacer girar tu vida hacia un futuro diferente. Cualquier camino que tomes implica abrir algunas puertas y cerrar otras. Esto les cuesta a muchos que no quieren negarse a nada, y ahí radica precisamente su error. ¡Te la tienes que jugar y pagar el precio de tu conquista!

Aquí hay algunos ejemplos:

- Si eliges preservar tu sexualidad para el matrimonio, tendrás que alejarte de todo lo que signifique un riesgo. Probablemente tendrás que decidir no tener pareja sentimental por un tiempo. Y si tienes una pareja que te está tentando o empujando a dar ese paso, tal vez debas tomar una decisión drástica y cortar esa relación. Aunque la tentación siempre va a estar, con un buen acompañamiento, mentoreo y discipulado, y tomando las decisiones correctas, puedes cuidar tu pureza sexual y guardarte hasta el matrimonio.

- Si decides vivir una vida sin pornografía, excelente. A la par deberás cerrar toda puerta que pueda ser un estímulo para caer en ese pecado. Renuncia a controlar tu privacidad; deja que alguien más te ayude con eso. Renuncia a usar Internet a solas, sobre todo cuando estás en tu habitación por la noche. Puedes pedirle a alguien más que te ayude, y cada tanto rendirle cuentas sobre esto.

- Si vas a terminar tu carrea universitaria no puedes desmayar a mitad de la carrera. A veces tendrás que dejar de lado amistades, salidas u otras cosas que disfrutas hacer, para dedicar más tiempo a tus estudios.

- Si decides entrar en una relación, asegúrate antes de que ambos quieran las mismas cosas; que piensan igual respecto del matrimonio y de los hijos, y que los dos están seguros de lo que Dios les ha dicho respecto de esto. ¡Elegir bien a esta persona es clave, ya que esta decisión influirá sobre todo el resto de tu vida!

- Si decides contraer una deuda, analiza bien tus motivos. Evalúa si se justifica o no, si podrás pagarla, y si has planeado bien la administración del recurso económico que vas a recibir.

Cada elección está ligada a dejar algo o a renunciar a algo, incluso muchas veces a cosas que parecen buenas pero que no lo son para nosotros o en este momento de nuestras vidas. Debemos negarnos a tomar decisiones sin el consejo de Dios.

ACUDE AL LLAMADO

Comparte con tus jóvenes esta lista de consejos para tomar buenas decisiones en el futuro:

1. **Redime tu pasado.** Tu pasado puede ser una historia de terror y sin embargo ser al mismo tiempo el mejor punto de partida a tu éxito, porque te permitió vivir circunstancias especiales que otros no han vivido. ¿Qué aprendiste? Sana lo que necesite ser sanado y úsalo como un trampolín. Como dice un dicho, lo que no te mató, te hizo más fuerte. Incluso, considera los errores de tus padres u otros líderes en tu vida, no para llenarte de rencor sino para rebotar y saber que vas a ser totalmente distinto a ellos. Tú no estás condenado a repetir los errores de nadie. NI siquiera los tuyos.

2. **Pídele dirección a Dios.** Estudia su Palabra para conocer lo que Dios hizo en el pasado. Dale tiempo a la oración, y busca el consejo de personas sabias leyendo buenos libros que tengan que ver con las decisiones que debas tomar. Dios te susurrará en esos ejercicios.

3. **Rodéate de buenos consejeros.** Cuando busques a alguien para pedirle un consejo, piensa en personas maduras que puedan ser un referente confiable, y sobre todo que hayan probado en su propia vida lo que te están diciendo. Recuerda que: «Cuando no hay consulta, los planes fracasan; el éxito depende de los muchos consejeros» (Proverbios 15:22, DHH).

4. **Acepta la corrección.** Para muchos jóvenes esta parte es difícil, pero debes saber que ser corregido te ayudará a no volver a caer en los mismos errores, y a evitar otros nuevos. Tener a alguien por sobre ti que te pueda corregir cuando has dado un mal paso resulta vital para alguien que se

está formando para el futuro. «Escucha el consejo y acepta la corrección, y llegarás a ser sabio» (Proverbios 19:20).

5. **Desafía al futuro.** La mayoría de las veces en que se toman malas decisiones es porque se piensa en el instante y no en las consecuencias que esa decisión traerá más tarde. Tomar una droga o no, elegir una amistad por sobre otra, quedarse en vez de salir corriendo, son todas decisiones que involucran pensar en el futuro. Elegir una carrera o comprometerse con una pareja también son decisiones que indefectiblemente cambiarán el rumbo de la vida de una persona para siempre. ¡Sueña en HD y con la mejor imagen y el mejor sonido de tu imaginación!

Luego de compartir estos consejos, pídeles a tus jóvenes que confeccionen una lista de las decisiones más importantes que cada uno de ellos deberá tomar en los próximos cinco años y discutan sobre ellas, sus implicaciones y su proyección.

Puedes terminar esta lección haciendo un «compromiso de rendición de cuentas» para que, en los momentos en que deban tomar decisiones importantes, tus jóvenes puedan contar contigo. Como discipulador, eso te coloca en una posición de mucha responsabilidad, y eso es importante para que tú también te comprometas a rendir cuentas a alguien más. ¡Estamos juntos en esto!

LECCIÓN 7

INFLUYENDO EN LA SOCIEDAD

*«El mundo no está como debe estar...
está roto, lo rompimos nosotros.
Dios mismo intervino ¡como persona!
para comenzar su proyecto de restauración
y poner las bases de su reino en Jesús».*
Samuel Pagán y Alex Sampedro (*Credo*)

Jesús invita a cada discípulo a abrazar su papel histórico y social en el entorno en el que nos toque desenvolvernos, y por eso es crucial que aprendamos a contextualizar el mensaje de la cruz. La Iglesia y sus discípulos no pueden llegar tarde y solamente reaccionar en tono defensivo a lo que esté pasando. El mundo, en su vertiginoso avance, siempre intenta adelantarse y dejarnos en la reacción, en lugar de en la prevención o en la acción transformadora para crear futuro. Por eso es vital desarrollar discípulos con una conciencia social y una mentalidad de influencia.

Por demasiado tiempo algunos círculos de la iglesia se encerraron en una burbuja para evitar la contaminación, y así algunos olvidaron que la función de la Iglesia era justamente traer vida y esperanza a este mundo perdido.

Nosotros somos los mensajeros a quienes se les ha encargado el ministerio de la reconciliación. ¿A quién debemos reconciliar? Al mundo con Cristo. ¿Cómo lo haremos? Siendo parte activa de la sociedad en la que vivimos.

⬖ CONOCE EL ENTORNO

Envía a tus jóvenes a echarle una mirada a la comunidad de la que forman parte. Puedes analizar junto con ellos qué porcentaje del ministerio se hace puertas afuera y diferenciarlo del ministerio que se hace puertas adentro. Algunos ejemplos:

MINISTERIO PUERTAS ADENTRO	MINISTERIO PUERTAS AFUERA
Alabanza, adoración, danza	Evangelismo
Servicio en el templo	Misiones a corto plazo
Escuela dominical	Células o reuniones en casas
Clases bíblicas	Conversatorios
Reuniones de oración	Talleres para microemprendedores
Reuniones de jóvenes	Conferencias para gente de negocios
Consejería	Misiones transculturales
Predicación y enseñanza	Clases de apoyo escolar e idiomas

La lista puede ser mucho más grande, pero el enfoque debe ser el mismo. Deben poner en una balanza la cantidad de ministerio que se realiza puertas adentro, y compararla con la cantidad que se realiza puertas afuera. Recuerden que la columna de la derecha implica que la labor se realiza puertas afuera; es decir, si los talleres para emprendedores solo se dictan para la gente de la congregación, deberían ir en la columna de la izquierda. Se considerarán actividades de puertas afuera solo si se promocionan intencionalmente para gente que no asiste usualmente a la iglesia.

El propósito de hacer esto no es evaluar ni juzgar a quienes toman las decisiones en la iglesia, sino hacerle ver al discípulo la realidad de su comunidad eclesial y la posibilidad de mejorar algunas cosas. ¡Los discípulos y los discipuladores estamos para eso!

Algunas preguntas tácticas:

- ¿Qué hace mi comunidad eclesial por su comunidad más amplia, en su barrio o en su ciudad?

- ¿Cómo responden a las necesidades de la gente de la zona los principales programas de la iglesia?

- ¿Qué hace la comunidad eclesial para impactar su entorno?

> **LA IGLESIA Y SUS DISCÍPULOS NO PUEDEN LLEGAR TARDE Y SOLAMENTE REACCIONAR EN TONO DEFENSIVO A LO QUE ESTÉ PASANDO**

De paso, sería interesante conocer qué es lo que opina sobre esto la gente de los alrededores. Si le preguntaras a los vecinos qué piensan de la iglesia cristiana de su barrio, ¿qué responderían? Muchas veces lo único que tiene la gente son quejas: «Siempre nos molestan con el ruido de sus equipos de sonido»; «Cada domingo las calles cercanas son un caos y el barrio se llena de basura cuando tienen sus reuniones»; «Ni siquiera saludan cuando nos ven». En lugar de tener un impacto positivo sobre su entorno, estas congregaciones están logrando lo contrario.

APRENDE CONMIGO

La Iglesia está llamada a ser sal y luz. Es decir, a ser de influencia. El propósito de la sal es influir sobre el alimento para darle sabor y preservarlo para que no se degrade pronto. El propósito de la luz es ayudarnos a caminar para no tropezar. Eso debería ser la Iglesia: un organismo vivo que trae luz a la sociedad para que nadie tropiece, y una gran familia que pueda ser ejemplo para una sociedad que necesita detener su proceso de descomposición.

En algunos sectores de la Iglesia ya nos hemos percatado de la necesidad de enviar más hijos de Dios a espacios claves del gobierno. Incluso algunos pastores se han

UNA IGLESIA MADURA PUEDE HACER MUCHOS MÁS CAMBIOS SOCIALES QUE UN PRESIDENTE CRISTIANO

volcado a la carrera política, lo cual es sensacional si Dios les ha llamado a hacerlo en un sentido individual, aunque siempre es sensible que se pretenda representación institucional con cuestiones de visión política. Sin embargo, el cambio profundo seguro vendrá de las nuevas generaciones.

Podemos animar a nuestros discípulos a ser protagonistas, no solo de proyectos de gobierno, sino a estar activos en organismos que promuevan actividades culturales con valores cristianos, en universidades y colegios, en instituciones deportivas, o promoviendo los valores del reino desde cualquier lugar donde el Padre nos haya colocado. Una Iglesia madura puede hacer muchos más cambios sociales que un presidente cristiano.

Imagina a la Iglesia de Cristo entendiendo que su función es influir positivamente en el mundo con los valores del reino de los cielos, no desde la perspectiva de la religión, sino desde la moral y la ética. Parece un sueño, ¿verdad? Lamentablemente, la Iglesia suele estar muy encerrada en sí misma, en sus reuniones, cursos, congresos y clases. Aunque todo eso está bien y es necesario, nos hace falta la segunda parte, la de salir y trastornar al mundo con el mensaje de Cristo y los valores de su reino.

El otro desafío que tenemos que enfrentar es el cambio apresurado de la cultura en la cual nos desenvolvemos. Todo cambia tan rápido que, cuando finalmente tenemos las respuestas para un dilema, este ya pasó y han aparecido otros cuatro peores.

«Los analistas de la cultura estiman
que nuestra cultura se está reinventando
de cada tres a cinco años».
Lucas Leys (*El mejor líder de la historia*)

Necesitamos estar alertas a lo que está sucediendo en el mundo. Como discípulos, debemos leer más la Biblia, pero también las noticias y revistas, para estar al tanto de cómo la sociedad va girando hacia un futuro de mayor oscuridad, ¡porque justamente allí es donde encenderemos la luz! Esto no lo haremos diciendo que la mejor forma de vivir es la forma que enseña nuestra religión, sino viviendo la verdad en amor y haciéndole ver al mundo lo bueno que es estar del lado del Creador.

TODO CAMBIA TAN RÁPIDO QUE, CUANDO FINALMENTE TENEMOS LAS RESPUESTAS PARA UN DILEMA, ESTE YA PASÓ Y HAN APARECIDO OTROS CUATRO PEORES

«Podemos generar alguna obra que solo los cristianos puedan comprender, utilizando símbolos sin ningún tipo de relevancia para la sociedad, o podemos rescatar conceptos de la cultura para presentar a Jesús».
Alex Sampedro *(Artesano)*

Desde esta perspectiva, la diferencia entre un creyente y un discípulo radica en la acción frente a la sociedad, es decir, en generar intencionadamente obras que aporten algo a esta cultura decadente. Un creyente se sentirá contento con asistir a un culto, recibir una porción semanal de la Palabra de Dios, aceptar un consejo de vez en cuando, e incluso con ser parte activa de distintos grupos dentro de la comunidad eclesial. Un discípulo no se conforma con lo que sucede alrededor de un culto o de un grupo, sino que usará a ese grupo para ir hacia donde está la necesidad. ¡Hacen falta más discípulos radicales que den este paso de fe con obras tangibles!

«El precio de la falta de discipulado es alto para quienes están sin Cristo. También es alto para los pobres de este mundo».
David Platt *(Radical)*

 MEDITA EN UN MODELO

RICK WARREN

Muchos líderes cristianos conocen a Rick por el libro *Una iglesia con propósito* y todo lo relacionado con aquel modelo, y muchos cristianos lo conocen por la versión «para todo público» que es *Una vida con propósito*, pero Rick Warren ha demostrado a través de los años ser mucho más que el creador de un modelo de iglesia y el autor de muchos libros. Rick sigue siendo el pastor de la Iglesia Saddleback en Lake Forest, California, una de esas congregaciones que han crecido muchísimo y que algunos llaman «mega iglesias» pero es muy interesante saber que esta iglesia no es una comunidad que da vueltas alrededor de la personalidad o predicaciones de su pastor, y que su influencia ha tenido fuertes repercusiones de cambio en África y distintas partes del mundo.

La Iglesia Saddleback se inició en una casa, con un estudio bíblico de apenas siete personas. ¿Qué fue lo que sucedió para que creciera tanto? La respuesta es tan simple como contundente: Rick Warren se tomó el tiempo de visitar a la gente de su comunidad y preguntarles cuáles eran las barreras que les impedían asistir a una iglesia, ¡y las resolvió! Rick observó críticamente a su comunidad y dio respuestas efectivas a los problemas que la sociedad presentaba en su entorno.

Sin embargo, su impacto mayor tal vez no sea que haya conseguido tantos miembros para su congregación, sino que se ha ocupado de buscar la mejor manera de hacer de cada uno de ellos un discípulo en constante crecimiento y activamente involucrado en la misión de extender el reino de los cielos.

Rick mira más allá de la asistencia dominical o del éxito de sus programas. Él ayuda a sus miembros a influir positivamente en la sociedad. Pensar así le ha significado ser invitado como conferencista a las Naciones Unidas, al Foro Económico Mundial, a la Unión Africana, a diversas universidades de renombre y a diferentes organizaciones que comparten su forma de ver el mundo. Sería genial si muchos más ministros fueran convocados para asesorar gobiernos y organizaciones a nivel mundial. ¡Rick Warren es un ejemplo en eso!

Uno de los catalizadores para ejercer esta influencia en la sociedad ha sido el emprendimiento que Rick ha titulado «Plan PEACE» (PEACE es un acrónimo, pero también significa «paz» en inglés). Este plan es un programa humanitario que intenta alcanzar 5 áreas críticas en el mundo, a las que Rick llama los *Global Goliaths* (Goliats globales): el vacío espiritual, el liderazgo egocéntrico, la pobreza extrema, las enfermedades pandémicas, y el analfabetismo y la falta de educación.

SER LUZ EN DONDE LA LUZ ABUNDA ES MUY FÁCIL. LO DIFÍCIL ES SERLO DONDE HAY UNA OSCURIDAD TREMENDA

Algunos lo han criticado por una conferencia que dio ante miles de musulmanes hablando acerca de trabajar juntos para resolver los problemas sociales que tanto aquejan al planeta. ¡Ya quisiera cualquiera de nosotros poder tener tal influencia como para ser escuchado por gente de otras religiones, creencias, convicciones políticas o intereses sociales! Ser luz en donde la luz abunda es muy fácil. Lo difícil es serlo donde hay una oscuridad tremenda.

📖 ILUMÍNATE CON LA VERDAD

La siguiente es una importante oración de Jesús:

«No te pido que los saques del mundo, sino que los protejas del maligno».
Juan 17:14–15

Juan hizo bien en registrar estas palabras de nuestro Señor. Tal vez intuyó que las íbamos a necesitar. La sociedad de aquel entonces iba a odiar a los discípulos de Jesús porque traerían luz para vivir mejor, y por ese motivo sufrirían persecución. Jesús oraba, entonces, pidiendo para ellos protección del maligno y no pidiendo al Padre sacarlos del mundo, puesto que es precisamente al mundo a donde habían sido enviados.

Los discípulos de hoy también debemos tener claro que seremos juzgados y criticados si tratamos de ayudar al mundo. Una sociedad perdida es como un perro herido: si alguien extraño viene para ayudarlo, lo más probable es que lo morderá. De allí que nuestro mensaje no puede consistir solamente de palabras, de buenas intenciones y de espiritualidad. ¡Hace falta una gran disposición para cambiar aquello que necesita ser cambiado!

«Pongan en práctica la palabra y no se limiten a solo escucharla pues de otra manera se engañan ustedes mismos. El que escucha la palabra, pero no la pone en práctica es como el que mira su cara en un espejo y, en cuanto se va, se olvida de cómo era».
Santiago 1:22-24

Tal como leemos en este pasaje, si alguien se limita a escuchar la Palabra sin ponerla en práctica, se está engañando a sí mismo. Poner en práctica la Palabra de Dios en todas las áreas de nuestra vida hace que vivamos en verdad. Su Palabra nos recuerda que somos sus hijos, pero también sus siervos y sus guerreros. Somos embajadores y hemos sido llamados a reconciliar al mundo con Él:

«Dicho en otras palabras: en Cristo, Dios estaba reconciliando al mundo con él, no tomándole en cuenta sus pecados, y encargándonos a nosotros este mensaje de la reconciliación. Somos embajadores de Cristo. Dios les habla a ustedes por medio de nosotros: "En el nombre de Cristo les rogamos, ¡reconcíliense con Dios!"».
2 Corintios 5:19-20

Esta tarea que nos ha sido encomendada nos obliga a llevar ese mensaje a todos, aplicando las verdades de la Palabra a las necesidades de cada cultura. ¡Dios bendiga a los jóvenes que incursionarán en las ciencias políticas para transformar la sociedad, a los artistas que sanarán la contaminación de las artes, a los que decidirán convertirse en educadores pues saben que en sus manos tendrán el futuro de muchos! ¡Dios bendiga a los discípulos que serán futuros abogados, comerciantes, economistas... y a todos aquellos que decidan no ser una pieza más de la sociedad que se rompe día a día, sino ser un engranaje que facilite la unión de los perdidos en un plan mucho mayor, el plan de un Dios que los está esperando y anhela abrazarlos como a hijitos amados!

🔒 NIÉGATE A

A la luz de lo que estamos hablando y leyendo en esta lección, se debe hacer obvio que uno de los pecados que ofende a Dios es la complacencia. Estar cómodos en una burbuja religiosa sin ser la sal ni ser la luz. Cantar sin actuar, o creer sin que nadie de afuera note cuáles son nuestras creencias, todo esto debe quedar atrás.

En su libro *La profecía de los siete montes*, Johnny Enloy propone que hay siete áreas de la sociedad que como iglesia debemos afectar: el gobierno, las artes, la educación, la familia, los medios de comunicación, las finanzas y la religión. Cómo buenos discipuladores, debemos desafiar a los discípulos a inmiscuirse en alguna o varias de estas áreas para cumplir con su trabajo como discípulos de Jesús influenciando el entorno. Lo que ofende a Dios no solo es una sexualidad desordenada, o que no vayamos al templo el fin de semana, sino que no seamos la sal y la luz que nos mandó que seamos. Por eso, debemos negarnos a cualquier espíritu de comodidad, cobardía o indiferencia.

✋ ACUDE AL LLAMADO

Haz un diagrama visual con las areas de conquista mencionadas en el punto anterior (Puedes buscar el libro «La profecía de los siete montes» como referencia) y agregar por ejemplo «deportes» o quitar alguna y luego pídeles a tus jóvenes que piensen ideas sobre cómo alcanzar cada una de esas áreas. Luego pídele al menos a tres de ellos que compartan su perspectiva personal o su inclinación hacia alguna de esas áreas. Ayúdales a superar sus miedos y a dejar atrás sus justificaciones, y dirígelos hacia el cumplimiento del propósito de Dios para sus vidas.

LOS ASUNTOS PENDIENTES DEL PASADO

«Perdonar es liberar a un prisionero y descubrir que el prisionero eras tú».
Lewis B. Smedes *(Perdonar y olvidar)*

Cargar con todas las circunstancias que hemos vivido en el pasado y que no han sido resueltas por completo puede traer a nuestra vida inestabilidad, conductas incorrectas y problemas en las relaciones interpersonales. Una relación rota, un abuso, un abandono, una madre controladora en exceso, o un padre tirano, son todos ejemplos de vivencias que crean predisposiciones emocionales que es necesario curar.

Es como la figura de un árbol. Jesús decía que un buen árbol da buenos frutos. Un árbol malo no puede dar buenos frutos, y ciertamente podremos conocer el árbol gracias a sus frutos. Cristo compara nuestra vida con un árbol, con raíces, tronco, ramas y frutos. Tendremos que esforzarnos por reparar las raíces (lo que vivimos en el pasado) para poder producir buenos frutos (en el futuro).

«El buen árbol produce buenos frutos; y el malo, malos frutos. Es imposible que un buen árbol produzca frutos desagradables. Por otro lado, es imposible que un mal árbol produzca buenos frutos. Por eso los árboles

que dan malos frutos se cortan y se queman. Igualmente,
una persona se conoce por las acciones que realiza».
Mateo 7:17–20

NO OCUPARNOS DE LOS ASUNTOS PENDIENTES DEL PASADO HACE QUE NUESTRAS RAÍCES SE SEQUEN Y NUESTRO SER SE MARCHITE

Una persona se conoce por las acciones que realiza; esos son los frutos. Pero todas las acciones tienen un origen, salen de algún lado. El origen de los frutos está en la raíz. Y las raíces son nuestro pasado. Si las raíces son buenas, el fruto será bueno, pero si las raíces están contaminadas, el fruto estará similarmente contaminado. Por eso es tan importante sanar las raíces.

Jesús estaba parafraseando el Salmo 1 ya que que allí se hace la misma comparación entre una persona y un árbol, dándonos características más específicas:

«Dichosos todos aquellos que no siguen el consejo de los malvados,
ni se detienen en la senda de los pecadores, ni cultivan la amistad de los
blasfemos, sino que se deleitan en la ley del Señor, la meditan día y noche.
Son como árboles junto a las riberas de un río, que no dejan de dar delicio-
so fruto cada estación. Sus hojas nunca se marchitan
y todo lo que hacen prosperará».
Salmo 1:1–3

Este pasaje contiene la hermosa promesa de que, si seguimos los consejos de Dios, seremos como árboles plantados cerca de un río, con nuestras raíces (el pasado) en contacto con las aguas. Si así lo hacemos, daremos fruto constantemente y nunca nos marchitaremos, pues estaremos sanos del corazón. La figura de las aguas se relaciona con la Palabra de Dios y también con la sanidad. Algo similar se menciona en Apocalipsis 22, donde dice que llegará un día en que tendremos acceso al árbol de la vida, que dará fruto constantemente y cuyas hojas serán para la sanidad de las naciones. No ocuparnos de los asuntos pendientes del pasado hace que nuestras raíces se sequen y nuestro ser se marchite. Por lo tanto, en esta parte del proceso de discipulado entraremos en una etapa imprescindible: la sanidad del corazón.

◇ CONOCE EL ENTORNO

A menos que creas que hay una situación de inseguridad, anima a tus jóvenes a tener una conversación seria con sus padres respecto al pasado. La idea es poder enfrentar ciertos «fantasmas», ya que algunas respuestas para interpretar mejor los acontecimientos que hemos vivido las tienen los padres y los hermanos mayores.

Ten presente que no será fácil para algunos de ellos hablar de malos recuerdos o heridas, pues pueden abrir emociones que han estado guardadas desde la niñez, y por eso deberás acompañar de una manera personal a cada discípulo para ser un soporte, sobre todo en caso de que tengan que confrontar algo verdaderamente oscuro.

El principio es que hay heridas que no hay manera de olvidar y que es bueno hablarlas y solucionarlas con el perdón.

APRENDE CONMIGO

Hay dos grandes categorías de circunstancias para sanar en el pasado de cada persona:

1. Los errores, las malas decisiones, o el daño que nosotros les provocamos a otros.

2. Los pecados que otros cometieron contra nosotros (ofensas, acoso, abuso, toda forma de violencia física, psicológica o sexual, estafas, desilusiones, etc.)

Ambas categorías son muy personales. Hay que tocarlas de manera grupal con cuidado, y también de manera personal.

Por otra parte, hay varios problemas que pueden aparecer en la vida de una persona relacionados con el pasado y con la falta de sanidad del corazón:

- **La falta de perdón** se da cuando hemos recibido una ofensa o agravio y no hemos perdonado a aquel que la cometió. El dolor que esto produce endurece el corazón y puede provocar ira, enojo, resentimiento, o incluso odio.

- **La raíz de amargura** tiene que ver con una condición espiritual en donde la vida de una persona deja de ser dulce y pasa a ser amarga, difícil de disfrutar. Esto puede transformar a alguien luchador y esforzado en una persona pesimista y derrotada.

- **El abandono, el bullying y la falta de aceptación** pueden producir en la persona sentimientos de rechazo que la frenarán en su camino de crecimiento.

- **La culpa** por algún error del pasado o por una mala decisión puede provocar una sensación de peso y remordimiento que no le permita a la persona disfrutar de la libertad que tiene en Cristo.

- **El temor** a enfrentar las diferentes situaciones de la vida también es algo que detiene a las personas. Temor a la muerte, al fracaso, al matrimonio, a enfrentar los problemas, todo esto puede ocasionar graves consecuencias e incluso llevar a la persona a una parálisis espiritual.

- **La vergüenza** puede venir a causa de episodios que incluyeron agravios emocionales, escarnio o burla por parte de otros. Esto puede ocasionar reacciones de timidez, cobardía, miedo a hablar en público o dificultades para relacionarse. También puede provocar ansiedad y angustia.

Algunas personas han tomado como convicción que al llegar a los pies de Cristo, y poniendo la fe en Él, ya no hace falta hablar de nada del pasado. Lo que debemos diferenciar es que todo acerca del pasado ha sido perdonado por Dios, pero no necesariamente por esa persona.

Muchos viven un sufrimiento silencioso con el que cargan día a día, y a pesar de haber llegado a Cristo, sus heridas aún necesitan ser tratadas. No es que el sacrificio de Jesús no haya sido suficiente, sino que a veces las heridas son tan fuertes que dejan secuelas emocionales de las que necesitamos ocuparnos de manera especial. Es por este motivo que necesitamos ir más a fondo para explorar los principios bíblicos que nos permitirán experimentar la verdadera libertad en Jesús. Nuestro Salvador muchas veces se dirigió a aquellos que, a pesar de creer en Dios, de alguna manera estaban ciegos sin poder ver qué era lo que les aquejaba.

«El Espíritu del Señor Todopoderoso está sobre mí, porque me eligió para traer buenas noticias a los pobres, para consolar a los afligidos y para anunciarles a los prisioneros que pronto van a quedar en libertad. El Señor me ha enviado a decir a los que lloran que ha llegado para ellos la hora de la compasión de Dios, y el día de su ira contra los enemigos de ellos. A todos los que guardan luto en Israel les dará: belleza en vez de cenizas, júbilo en vez de llanto, y alabanza en vez de abatimiento. Porque para gloria de Dios, él mismo los ha plantado como vigorosos y esbeltos robles».

Isaías 61:1–3

Un día Jesús leyó esta porción del profeta Isaías en la sinagoga, y luego anunció que esta escritura se había cumplido en ese momento en medio de ellos. Si leemos con atención, vemos que allí habla de la necesidad de que a los pobres les lleguen buenas noticias, y de que el consuelo alcance a los afligidos y la libertad a los prisioneros. ¡Gracias a Jesús llegó la hora de la compasión para aquellos que lloran, belleza en lugar de cenizas, y júbilo en lugar de llanto! Él le estaba hablando a gente que sí creía en Dios, por herencia y por convicción; y les decía que en Él tendrían todo esto y serían al fin como robles, árboles de justicia, vigorosos y esbeltos.

CRISTO NOS PROMETE QUE NINGUNA HERIDA PUESTA EN SUS MANOS QUEDARÁ IGUAL

Uno puede tener a Cristo en el corazón y de todos modos estar herido. Por eso es que Cristo nos promete que ninguna herida puesta en sus manos quedará igual. Él es el árbol de la vida que trae sanidad a las naciones.

 MEDITA EN UN MODELO

NICK VUJICIC

Nick nació sin brazos ni piernas; es obvio que nadie quisiera haber nacido así. Y aunque todo el mundo admira la tenacidad de Nick para salir adelante y vencer todos los obstáculos en la vida, debemos saber que ese camino no le ha sido fácil.

NUESTRO PASADO NO NOS DEFINE Y NINGUNA CARENCIA NI CIRCUNSTANCIA PUEDE IMPEDIRNOS ALCANZAR AQUELLO QUE HEMOS SIDO DESTINADOS A SER

El tener que enfrentar el rechazo y las burlas por su condición, el no poder adaptarse con facilidad a todos los ambientes, y el no poder hacer las cosas que el resto de la gente hacía, todos fueron para Nick motivos para no querer seguir viviendo. Así es que él tuvo que luchar con deseos de quitarse la vida, con la depresión, y con un enojo completamente justificado. ¿No es acaso entendible que Nick se enojara con el mundo y hasta con Dios por tener que vivir una circunstancia así?

Sin embargo, la presencia de sus padres acompañándole en este proceso y ayudándole a surgir en medio de las dificultades que esta condición le significaba fue lo que ayudó a Nick a cambiar su forma de pensar y, en consecuencia, a no tener una vida miserable. Si existe alguien que podría quejarse de la vida, es él. Pero decidió dejar de hacerlo. Nick decidió levantarse y empezar a ser la persona que fue destinada a ser. Aprendió a comer solo, a trasladarse de un lugar a otro, e incluso a nadar. Todas cosas que para nosotros son cotidianas pero que para él significaron un enorme desafío.

Hoy en día Nick es orador motivacional, escritor, conferencista y asesor, y ha tocado el corazón de miles de jóvenes que alguna vez experimentaron el rechazo del mundo. Nick es un ejemplo de que no necesitamos que todo sea perfecto para crecer y cumplir nuestro propósito. Una muestra viva de que nuestro pasado no nos define eternamente, y ninguna carencia ni circunstancia puede impedirnos alcanzar aquello que hemos sido destinados a ser.

ILUMÍNATE CON LA VERDAD

Según la Biblia, el perdón toca todas las aristas de cada rincón del corazón. Perdonar puede restaurar relaciones, quitar cargas emocionales, y puede liberarnos de una prisión del alma que nos limita y nos detiene.

Pablo escribió:

> *«Sean bondadosos entre ustedes, sean compasivos y*
> *perdónense las faltas los unos a los otros, de la misma manera*
> *que Dios los perdonó a ustedes por medio de Cristo».*
> **Efesios 4:32**

Gran parte de los versículos de la Escritura que tratan acerca del perdón comparan el acto de perdonar a otros con el perdón que nosotros hemos recibido de Dios. Mateo 6:14, Colosenses 3:13, Lucas 6:37, y Marcos 11:25, todos hablan de lo mismo. ¿Cómo puede ser que hayamos recibido tanto perdón y no podamos ofrecerlo a otros? Probablemente esto tenga que ver con la sensación de que hemos perdido algo. Cuando alguien nos ofende, de alguna manera nos roba. Nos roba la paz, o la integridad, y produce en nosotros una sensación de pérdida, pues aquel que nos ofendió «salió ganando». Y es cierto, cuando alguien nos ofende se lleva algo de nosotros, pero debemos estar conscientes de que es algo que jamás podremos recuperar. ¡Ni siquiera mantener una vida entera de odio y rencor contra esa persona hará que recuperemos aquello que sentimos haber perdido!

Jesús nos contó la siguiente parábola para enseñarnos acerca del perdón:

«Por esto, sucede con el reino de los cielos como con un rey que quiso hacer cuentas con sus funcionarios. Estaba comenzando a hacerlas cuando le presentaron a uno que le debía muchos millones. Como aquel funcionario no tenía con qué pagar, el rey ordenó que lo vendieran como esclavo, junto con su esposa, sus hijos y todo lo que tenía, para que quedara pagada la deuda. El funcionario se arrodilló delante del rey, y le rogó: 'Tenga usted paciencia conmigo y se lo pagaré todo.' Y el rey tuvo compasión de él; así que le perdonó la deuda y lo puso en libertad. Pero al salir, aquel funcionario se encontró con un compañero suyo que le debía una pequeña cantidad. Lo agarró del cuello y comenzó a estrangularlo, diciéndole: '¡Págame lo que me debes!' El compañero, arrodillándose delante de él, le rogó: 'Ten paciencia conmigo y te lo pagaré todo.' Pero el otro no quiso, sino que lo hizo meter en la cárcel hasta que le pagara la deuda. Esto dolió mucho a los otros funcionarios, que fueron a contarle al rey todo lo sucedido. Entonces el rey lo mandó llamar, y le dijo: '¡Malvado! Yo te perdoné toda aquella deuda porque me lo rogaste. Pues tú también debiste tener compasión de tu compañero, del mismo modo que yo tuve compasión de ti.' Y tanto se enojó el rey, que ordenó castigarlo hasta que pagara todo lo que debía.

Jesús añadió: —Así hará también con ustedes mi Padre celestial, si cada uno de ustedes no perdona de corazón a su hermano».
Mateo 18:23–35 (DHH)

El perdón de Dios lo recibimos por gracia. Era una deuda que nos ha sido dispensada. Sin embargo, paradójicamente, no siempre somos capaces de perdonar a aquel que nos ha ofendido, pues sentimos que tiene una deuda con nosotros. Incluso llegamos a pensar que la persona debería venir a pedirnos perdón, y que recién entonces quizás podríamos pensar en perdonarle. Pero esto no es lo que Jesús enseña. Perdonar a otros es un mandato clave para vivir en libertad. Si uno no perdona, coloca al otro en una prisión tal como sucedió en la parábola que Jesús contó. Pero esa prisión es una celda en la que uno mismo permanecerá encerrado con el otro por siempre. ¡Por eso es necesario perdonar, para liberar al otro, sí, pero para poder nosotros salir de la cárcel también!

¡La Biblia contiene tanta sabiduría y nosotros la usamos tan escasamente! Si tan solo siguiéramos los consejos de la Escritura con mayor convicción, esto nos haría ver la verdad de las cosas, la verdad de nuestro ser interior, la verdad de nuestros pensamientos... ¡y conocer esa verdad nos haría verdaderamente libres!

Hay, por ejemplo, un pasaje en Proverbios que nos habla acerca de que el perdón es un acto de amor. No perdonar es insistir en la ofensa, y esa actitud puede separar incluso los mejores amigos:

«El que perdona la ofensa conserva el amor; el que insiste en ella,
separa los mejores amigos».
Proverbios 17:9

¡El perdón debería ser visto como un acto de obediencia y, a la vez, de amor! De obediencia, porque la Escritura lo pone en forma de mandato, no de sugerencia, e incluso nos advierte que el perdonar trae una consecuencia: *«Perdonen, y serán perdonados»* (Lucas 6:37). De amor, porque es una cualidad inherente al Eterno que nosotros, como sus hijos, debemos manifestar.

> **¡EL PERDÓN DEBERÍA SER VISTO COMO UN ACTO DE OBEDIENCIA Y, A LA VEZ, DE AMOR!**

«¡Oh Señor, qué bueno y perdonador eres;
qué gran amor tienes por todos los que te piden ayuda!».
Salmos 86:5

Él nos perdona porque es bueno y nos ama, y nosotros demostramos que le amamos al obedecer sus mandamientos y parecernos a Él en todo y, en este caso particular, en la capacidad de perdonar.

🔒 NIÉGATE A

Hay varias actitudes que debemos decidir abandonar para experimentar verdaderamente la sanidad y la libertad que Cristo nos ofrece. (Incluso hay cosas que podríamos hacer con buenas intenciones). Aquí te presentamos algunos ejemplos:

- **Justificación de los ofensores.** Para evitar la necesidad de tratar con ciertos temas dolorosos para el alma, solemos levantar argumentos para justificar a aquellos que nos han lastimado u ofendido: *«Ya ha pasado mucho tiempo»*, *«No lo hicieron con intención»*, *«¿Para qué remover heridas viejas?»*, *«Ya no es necesario hablar del tema»*... La justificación puede, aparentemente, evitarnos problemas, pero impedirá la verdadera sanidad.

- **Orgullo.** Las frases que el orgullo introduce en la mente son del estilo de: *«Yo no necesito tratar estas cosas»*, *«He vivido así muchos años y podré seguir haciéndolo»*, *«Podría perdonar, pero no quiero hablar de ello»*, etc. El orgullo endurece el corazón para que el dolor del pasado no sea tan fuerte. Es una estrategia emocional de autodefensa, pero nos impide estar completamente sanos.

- **Comodidad.** Algunas personas se obligan a sí mismas a estar bien. Muchos incluso se han acostumbrado a responder que están bien aunque no lo estén, porque no quieren traer más caos a su vida. Ellos piensan que agitar esas aguas solo les traerá molestias e incomodidades, y por eso optan por no decir ni hacer nada. El problema es que de esta manera se están condenando a seguir viviendo con ese peso.

- **Resentimiento, rencor y odio.** Estas son distintas actitudes que las personas suelen desarrollar para enfrentar el dolor. Como si el repetirse a uno mismo cosas como: *«Nunca lo voy a perdonar»*, *«No le haré ese favor»*, o *«Prefiero morir ántes de que esa persona salga ganando»*, pudieran ser la respuesta para un corazón que está buscando la manera de soportar mejor el dolor. La verdad es que ninguna de ellas ayuda.

- **Ira.** Las reacciones de ira, rabia o enojo son normales cuando hay un corazón herido. Es como aquel perrito callejero que está lleno de heridas y que, si alguien se acerca, lo aleja a mordiscos. Reaccionar con ira y enojo es una forma de vengarnos contra el mundo por aquel mal que hemos recibido. El problema es que estas actitudes no solucionan nada y nuestro corazón sigue tanto o más herido que antes.

Resulta evidente que ninguna de estas actitudes es sabia. Ninguna nos ayudará a sanar el alma de las heridas del pasado y, por el contrario, son reacciones que aumentarán el peso que llevamos día a día. Como discípulos de Cristo, si buscamos ser obedientes a su Palabra, necesitamos renunciar a estas actitudes, negándonos a tener el control sobre nuestros sentimientos y renunciando a pensar que podemos cargar este peso solos. Negarnos a nosotros mismos significa entregarle el control a Dios, rendirnos a Él y liberarnos del peso que nos aplastaba. Implica reconocer que no necesitamos autodefendernos pues tenemos quien nos defienda y, sobre todo, quien nos sane.

Puedes guiar a tus jóvenes a hacer una oración de esta manera:

«Amado Padre, hoy admito que el orgullo no me ha llevado a ningún lado y que no lo necesito. Reconozco que he albergado rencor, resentimiento y odio en mi corazón, pero no quiero hacerlo más. Desde hoy, dejo de justificar a mis ofensores, para perdonarlos de todo corazón. Me desprendo del orgullo que ha endurecido mi alma y decido ser sensible a tu voz. Me aparto de toda comodidad que me ha estancado en mi vida espiritual. Asumo toda la responsabilidad por mis actos del pasado y te pido perdón por cada una de las decisiones que tomé mal, aunque hayan sido reacciones a los pecados de otras personas. Desde hoy dejo delante de ti esta maleta llena de peso inútil, para que tú te hagas cargo de ella. Descanso en ti. Amén».

ACUDE AL LLAMADO

Perdonar es una de las más sublimes disciplinas cristianas. Es lo que hace Dios, y lo que debemos hacer nosotros. Perdonar no significa justificar a nadie sino liberarnos de que esas acciones nos controlen a través de las emociones que producen.

Para cerrar esta lección, trabaja en una lista de acciones futuras deseables a la hora de recibir rechazo o incluso abuso, porque en este mundo caído seguirán siendo circunstancias que en algún momento los jóvenes volverán a enfrentar aunque ya no sean niños.

LECCIÓN 9

NARCISISMO ESPIRITUAL

*«El camino de la transformación es un esforzado
y paciente curso de ensayo y error,
en lucha persistente y cotidiana».*
Patrick Morley (*El hombre frente al espejo*)

La palabra «narcisismo» viene de la mitología griega y tiene que ver con Narciso, que era un joven muy apuesto cuya vida giraba alrededor de sí mismo, considerándose en todo superior a los demás. Históricamente la figura de Narciso se ha usado como una referencia a alguien que solo piensa en sí mismo y todo lo que dice, piensa y hace tiene un gran «yo» adelante.

En el terreno espiritual, podríamos decir que un «narcisista espiritual» es alguien cuya vida gira en torno a lo que él o ella pueda recibir de Dios y de los demás, y que cree que la iglesia y el ministerio están para satisfacer sus necesidades personales. Claro, nadie va a decir esto en voz alta, pero este tipo de actitudes pueden infectarnos a todos, y por eso es un tema para una memorable lección de discipulado.

El narcisismo espiritual, entonces, es la inercia cultural que nos empuja a mirar todo, incluso la fe, desde el lente de nuestra exclusiva conveniencia. Probablemente todos, en algún momento de nuestra vida cristiana, atravesemos alguna etapa así, pero no debemos dejar que dure demasiado.

◈ CONOCE EL ENTORNO

Cuéntales a tus jóvenes acerca de la historia de Narciso y pregúntales qué haría un narcisista espiritual moderno. Permite que compartan sus ideas, y luego complétalas con esta lista:

- Ora cada mañana para que le vaya bien y para que todo le salga conforme a lo que él ha planeado.

- Reclama a Dios por aquello que ha pedido y no ha recibido.

- No pide por los demás, ya que no puede ver las necesidades de los otros.

- Piensa que los demás deben servirle, abrirle la puerta, cantar para ayudarle a adorar, predicarle la Palabra, etc.

- No sirve porque no tiene tiempo; está lleno de muchas cosas que le alejan del servicio en cualquiera de sus formas.

- Si se dedica a servir, al igual que como lo hacen algunos pocos narcisistas espirituales, lo hace para obtener algo a cambio, como reconocimiento o admiración.

- Nunca se enfoca en lo que Dios le pide hacer, sino en lo que él le pide a Dios que haga.

Compara la lista con lo que ellos dijeron, y seguro se les ocurrirán algunas cosas más.

◈ APRENDE CONMIGO

El verdadero evangelio tiene mucho más que ver con dar que con recibir. Requiere renunciar a cosas, más que pedirlas. Implica morir para resucitar. Si te fijas bien, el evangelio del reino de los cielos que Cristo predicó y vivió es exactamente lo opuesto de lo que comúnmente pensamos en el mundo. Cristo enseñó que para ganar hay que perder, para vivir hay que morir y para entrar en el reino hay que ser como niños. También dijo que los últimos serán los primeros y que para ser líder hay que primero ser el que sirve a todos.

Este es el momento de hablar de tus propias luchas con este tema. Recuerda que el problema es el narcisismo y no una persona especifica.

El evangelio no fue diseñado para suplir nuestras propias necesidades personales. Eso suele ocurrir por añadidura, pero la idea de Dios no es que lo andemos buscando para recibir sus favores, o que nos portemos como buenos hijos para tener derecho a recibir todo lo que pedimos. En contraste con la lista que usamos para describir a un narcisista espiritual unas líneas atrás, la siguiente es una lista de las actitudes que la Biblia enseña como correctas.

> **NO SE TRATA DE CUÁNTOS FAVORES RECIBIMOS DE DIOS, SINO DE CUÁN DISPUESTOS ESTAMOS A LLEVAR UNA VIDA CONFORME A SU VOLUNTAD**

Un discípulo de Cristo:

- Ora cada mañana para que la voluntad de Dios se cumpla en y a través de su vida.

- Reconoce la soberanía de Dios cuando no recibe algo que pidió.

- Está acostumbrado a pedir por otros, a orar por aquellos que están en necesidad, e incluso a bendecir a los que le han hecho mal y a perdonar a los que le han ofendido. Jamás salen de su boca palabras de maldición.

- Está convencido de que la mejor forma de amar a Dios es obedeciéndole y sirviendo a otros.

- Encuentra tiempo para servir a Dios a pesar de sus múltiples actividades, y se goza en ello.

- Se mantiene humilde, aun si ha llegado a posiciones de alto nivel o rango, y no busca reconocimientos ni admiración.

- Siempre pregunta a Dios antes de tomar decisiones, y se somete a Su voluntad perfecta manifestada en su Palabra.

Mientras nuestras decisiones estén enfocadas en satisfacer nuestros propios deseos, seremos narcisistas espirituales. Lo que debemos tener claro es que todo esto no se trata de nosotros, sino de Dios. No se trata de cuántos favores recibimos de Dios, sino de cuán dispuestos estamos a llevar una vida conforme a su voluntad.

 MEDITA EN UN MODELO

OSCAR SCHINDLER

La famosa película *La lista de Schindler* muestra la vida de este hombre que se volvió famoso gracias a la enorme cantidad de judíos que pudo salvar a través de sus fábricas en los tiempos del Holocausto (la matanza de millones de judíos durante lo que conocemos como la Segunda Guerra Mundial). El exterminio sistemático de los judíos europeos era, para el partido nazi, la «Solución final» o *Endlösung*. Esta película, basada en el libro *El arca de Schindler* de Thomas Keneally, describe los sucesos que giraron en torno al cambio de mentalidad de Oscar Schindler quien, en un inicio, cegado por sus intereses personales, se une al partido nazi en busca de riquezas o beneficios. Así comienza su fábrica de municiones, la cual se ve favorecida en gran manera por la guerra. La pregunta es, ¿cómo sucedió que un hombre de su condición, de buena posición social y con el reconocimiento y favor del partido nazi, del cual era parte, decidiera de pronto cambiar su mentalidad para volverse un encubridor y salvador de tantos judíos? ¿Qué sucedió con aquel hombre egoísta, ambicioso, codicioso, que en todo lo que hacía buscaba su beneficio personal, para que se convirtiera en esa clase de héroe que estaría dispuesto a dar la vida por los demás?

Puede haber muchas elucubraciones sobre eso, pero muy probablemente lo que sucedió es que Dios tocó su corazón. Entre los múltiples propósitos divinos, evidentemente estaba la salvación de esos 1200 judíos (y de todos sus descendientes, que hasta el día de hoy le agradecen por sus vidas). Oscar Schindler fue la herramienta que Dios usó para ese propósito, y al hacerlo se volvió un ejemplo histórico de que cualquiera puede cambiar de mentalidad y aprender a pensar en los demás.

Lo más impactante es que este hombre decidió enfrentarse a su propio partido, a sus compatriotas y amigos, a su gente... ¡y todo para defender a un grupo de desconocidos! En medio de una guerra mundial, él se enfrentó a uno de los ejércitos más sanguinarios de la historia, poniendo en riesgo su propia vida, para esconder a este grupo de gente que no tenía a quién recurrir ni con qué agradecerle.

Esto debe hacernos pensar hasta qué punto debería cambiar nuestra mente para que podamos ver la realidad circundante de manera distinta. De seguro Dios ya ha estado hablando al corazón de muchos, mostrándonos una porción de la necesidad del mundo para que hagamos algo. No necesitamos una guerra para defender a todo un pueblo. No necesitamos una fábrica ni mucho dinero para servir al mundo. Lo que necesitamos es amar a Dios por sobre todas las cosas, y a nuestro prójimo como a nosotros mismos. Necesitamos menos egoísmo y más compasión.

NECESITAMOS MENOS EGOÍSMO Y MÁS COMPASIÓN

ILUMÍNATE CON LA VERDAD

Jesús denunció el narcisismo espiritual con esta parábola:

«Jesús les contó esta parábola a unos que se creían muy justos y despreciaban a los demás: Dos hombres fueron al templo a orar. Uno de ellos era fariseo y el otro, un cobrador de impuestos. El fariseo, de pie, oraba así: 'Dios, te doy gracias porque no soy como otros hombres que son ladrones, malhechores, adúlteros; ni mucho menos soy como este cobrador de impuestos. Ayuno dos veces a la semana y te doy la décima parte de todo lo

que gano! El cobrador de impuestos, en cambio, se quedó a cierta distancia y ni siquiera se atrevía a levantar los ojos al cielo. Se golpeaba el pecho y decía: '¡Dios mío, ten compasión de mí, que soy pecador!'. Les aseguro que este, y no el fariseo, regresó a su casa habiendo sido perdonado por Dios. Porque el que se engrandece a sí mismo será humillado, y el que se humilla será engrandecido».

Lucas 18:9-14

Cuando Jesús contó esta historia, describió muy bien la actitud de un narcisista espiritual con el ejemplo del fariseo. Para esta persona, el dar gracias tenía que ver con menospreciar a otros y sentirse superior, en particular señalando al cobrador de impuestos. Hay que tomar en cuenta que en esa época los cobradores de impuestos eran muy mal vistos entre el pueblo de Israel, puesto que su trabajo era a favor del imperio romano: los impuestos que cobraban empobrecían a sus hermanos hebreos y enriquecían a Roma. Así, el contraste entre estas dos personas es impresionante.

El fariseo, que debería haber sido la persona más consciente de quién es Dios, y, por consiguiente, debería haber caminado en humildad, ¡se enaltecía! Se consideraba mejor que otros, juzgaba, y pensaba que ayunar, diezmar y cumplir ciertos aspectos de la ley era suficiente para estar bien delante de Dios, y para hacerlo a él merecedor de admiración. Nunca consideró la actitud de su corazón. ¡Ciertamente este hombre era un narcisista espiritual!

Por el contrario, el cobrador de impuestos, o publicano, era odiado por su propia gente y menospreciado por los romanos. Pero él estaba seguro de su condición de pecador, a tal punto de no poder ni siquiera levantar los ojos al cielo, porque se sentía indigno de los favores del Padre.

Para la gente que escuchó esta alegoría de boca de Jesús, debió ser un shock. Jesús habló bien de alguien a quien ellos juzgaban como malvado, y habló mal de alguien que ellos consideraban una autoridad espiritual. Sin embargo, la intención de Jesús no era confundir a la gente, sino enseñarles a ver más allá de las apariencias. Una persona puede cumplir muchos aspectos de la ley de Dios por las razones equivocadas, mientras que otro puede tener la actitud correcta en su corazón aunque los demás lo juzguen como malvado.

Jesús nos presenta aquí un principio espiritual que se cumple inexorablemente. Aquel que se exalta a sí mismo, en algún momento será humillado, mientras que aquel que reconoce su condición de pecador y se humilla delante de Dios, será enaltecido a su debido tiempo.

Mira también la recomendación de Filipenses:

> *«No hagan nada por egoísmo o vanidad. Más bien, hagan todo con humildad, considerando a los demás como mejores que ustedes mismos. Cada uno debe buscar no solo su propio bien, sino también el bien de los demás. La actitud de ustedes debe ser como la de Cristo Jesús: aunque él era igual a Dios, no consideró esa igualdad como algo a qué aferrarse. Al contrario, por su propia voluntad se rebajó, tomó la naturaleza de esclavo y de esa manera se hizo semejante a los seres humanos. Al hacerse hombre, se humilló a sí mismo y se hizo obediente hasta la muerte, ¡y muerte en la cruz!».*
>
> **Filipenses 2:3-8**

En este caso Pablo les recomienda a los filipenses que estén atentos a esta clase de actitudes. El orgullo, la soberbia y la altivez son la clase de actitudes que no se pueden ver con facilidad en uno mismo. ¡Reconocer que nos estamos moviendo por egoísmo o vanidad no es cosa fácil! Aquí pareciera que estamos repitiendo lo hablado en el Capítulo 3 acerca del desafío del carácter, pero es que todo está relacionado. El orgullo es un arma sutil y certera del enemigo, que busca hacernos creer que somos mejores que otros.

La instrucción de Pablo en esto es clara: no debemos buscar solamente el bien propio, sino el de los demás. ¡Vigilemos a cada momento las intenciones de nuestro corazón!

🔒 NIÉGATE A

La historia de Jesús no es la de alguien que se hace grande luego de haber sido pequeño, un don nadie que se hace poderoso, ni alguien que prospera luego de haber sido pobre. Su historia es la opuesta. Él es quien, teniéndolo todo, decidió dejarlo por servir.

¿Qué estamos dispuestos a dejar nosotros por servir a los demás?

🙌 ACUDE AL LLAMADO

Para cerrar esta lección anima a tus jóvenes a contar un poco lo que cada uno se imagina haciendo en el futuro, y luego hazles esta pregunta:

¿Cómo harás para evitar el narcisismo en ese futuro?

Lo que se hará evidente es que resulta vital pensar en los demás y sensibilizar nuestro corazón mediante el servicio. Aquí tienen algunas ideas para facilitarles el pensar en otros:

- **Una visita de ayuda social.** Visiten un geriátrico, un orfanato, centros para jóvenes con distintos problemas, u otras entidades de labor social. Este tipo de actividades ayudarán a tus jóvenes a desarrollar sensibilidad social y carga por los que más sufren. Luego de una primera visita, tal vez algunos de tus jóvenes quieran comprometerse a brindar una ayuda más regular a alguna de estas instituciones.

- **Un día para una familia.** Busquen una familia que esté atravesando una crisis económica. Puede ser de la misma congregación a la que ustedes asisten (dando prioridad a la familia de la fe), aunque también puede ser alguien que no sea creyente. Levanten ofrendas de víveres, o piensen en otras necesidades que podrían ser suplidas para esta familia por medio de esta iniciativa.

- **Campañas de reciclaje.** Pensar en el medioambiente puede ayudar a algunos a dejar de pensar en su propia condición, y motivarlos a cuidar el planeta. De paso, vamos cambiando la cultura que nos circunda. Esta no solo es una campaña, sino que debería volverse un nuevo estilo de vida. ¡Eso es administrar bien lo que Dios nos dio para que lo cuidemos!

- **Apoyo a hogares de animales.** Los sitios que albergan perros o gatos callejeros suelen necesitar mucha ayuda, y allí pueden entrar tus jóvenes, colaborando con cosas físicas o donando algunas horas para ayudar a las personas que trabajan en el lugar.

- **Carga personal.** Puedes pedirles a tus jóvenes que piensen en alguna persona por la que sientan una carga especial; alguien por quien estén preocupados porque está atravesando una situación difícil, o simplemente alguien a quien quisieran ver mejor. Motiva a tus jóvenes para que aparten un tiempo a la semana, o cada quince días, para pasar tiempo con esta persona y ayudarle en lo que necesite. ¡Este también puede ser el puntapié inicial para que estos discípulos comiencen a discipular a otros!

Ayudemos a aquellos a quienes estamos discipulando a vencer esa constante inclinación al consumo de nuestra sociedad de hoy. No sirve demasiado haber creído si nuestra fe no se manifiesta en obras tangibles en favor de los demás.

LECCIÓN 10

EL LLAMADO AL DISCIPULADO

«El discipulado es costoso porque cuesta la vida, y es gracia porque brinda la única vida verdadera. Es costoso porque condena el pecado y gracia porque justifica al pecador».

- Dietrich Bonhoeffer (*El costo del discipulado*)

Uno de los mayores pecados de la Iglesia es la cantidad de cristianos que desconocen su llamado al discipulado, y la preocupación en este sentido crece cuando vemos que el porcentaje de jóvenes que abandonan la fe cristiana luego de cumplir los dieciocho años es muy alto, y sigue aumentando.

Resulta imprescindible, entonces, ofrecer desde el discipulado una serie de herramientas que puedan serles útiles a nuestros jóvenes en su batalla diaria por defender a Cristo y aquello en lo que creen, y sobre todo lograr que asuman con entusiasmo su llamado personal al evangelismo y a la multiplicación de discípulos.

Todo los cristianos debemos entender que el crecimiento de la iglesia es tarea de todos los cristianos.

◈ CONOCE EL ENTORNO

La *«Escala de Engel»* es un modelo que fue desarrollado por James F. Engel, en el cual él propone ubicar en una tabla a cada persona en base a su grado de acercamiento o de compromiso con Jesús y su evangelio. Se trata de un intento por representar los pasos que normalmente sigue una persona en su conocimiento de

Dios, para poder ir poco a poco venciendo las diferentes barreras propias de cada etapa. El objetivo no es andar poniéndoles puntaje a los cristianos, sino ayudar a cada persona desde su propio contexto a dar un paso más en su relación con el Señor.

Esta escala puede ser una herramienta muy útil. Partiendo de una mejor comprensión de dónde exactamente se encuentra la persona ahora, tendremos más posibilidades de ayudarle a dar los pasos necesarios para avanzar en madurez.

En Internet puedes encontrar la escala original tal como la presentó James Engel, o puedes emplear la siguiente adaptación:

+5	Piensa, actúa y vive como Jesús la mayor parte del tiempo (madurez)
+4	Ayuda a otros a crecer en Cristo (fe integral)
+3	Da pasos de obediencia (fe espiritual)
+2	Es instruido en la Palabra y el conocimiento de Dios (fe intelectual)
+1	Su corazón ha sido cautivado por sus experiencias con Dios (fe emocional)
0	**Toma la decisión de seguir a Jesús (conversión)**
−1	Entiende que necesita de Dios
−2	Simpatiza con las cosas de Dios, aunque no cree necesitarlo
−3	Está abierto a Dios como uno de entre tantos recursos espirituales
−4	Es indiferente a Dios
−5	Está totalmente en contra de Dios

El nivel 0 incluye a toda persona que haya tomado su decisión de seguir a Cristo. Partiendo de allí hacia arriba están los números positivos, que marcan un desarrollo en el caminar de fe de la persona. Hacia abajo están los números negativos, que indican una menor o mayor lejanía de Dios.

Si comenzamos a mirar la escala desde abajo, los niveles -5 y -4, denotan un mayor grado de alejamiento de Dios, al punto de estar directamente en contra. Posiblemente en estos niveles las barreras sean demasiado altas como para intentar convencer a la persona de aquello en lo que creemos. En estas etapas son más útiles el testimonio, la amistad genuina y hacerle saber que estamos listos para responder cualquier inquietud que tenga con respecto a temas espirituales. Para tratar con estos niveles, es necesario tener una mentalidad abierta y madura. Los métodos de evangelismo tradicionales no suelen ser útiles, e incluso la mayoría de las veces terminan alejando a la persona mucho más de Dios.

Los niveles -3, -2, y -1 agrupan a las personas un poco más abiertas a la fe, pero con muchas preguntas, cuestionamientos, ideas equivocadas y otras barreras que les impiden llegar a conocer verdaderamente a Cristo. Aquí es donde debemos estar listos para responder todas las inquietudes que las personas puedan tener (lo más probable es que los conceptos de este capítulo sirvan más para estas etapas y las superiores).

A partir del nivel 0, y desde allí hacia arriba, ya estamos en un camino de discipulado. De hecho, ¡seguramente en alguno de esos niveles se encuentran tus jóvenes! Conviene, entonces, que identifiques con la mayor claridad posible en qué lugar exactamente se ubica cada uno, pues eso te dará una buena pauta de cómo seguir caminando con ellos para ayudarles a alcanzar una mayor madurez en Cristo.

APRENDE CONMIGO

Para multiplicarse cómo discípulos en otros discípulos y convertirse en los líderes cristianos extraordinarios que pueden llegar a ser, es bueno que tus jóvenes conozcan algunos de los conceptos y corrientes filosóficas con los que pueden encontrarse. En particular, concepciones acerca de Dios como las siguientes:

- **Ateísmo.** Esta postura defiende que no existe ninguna deidad. El término *ateo* proviene etimológicamente del latín *athêus*, y este se deriva a su vez de una palabra griega que significa literalmente «sin dios(es)». El último estudio internacional hecho por Gallup en 57 países arrojó como resultado que, en promedio, el 13 % de su población se identifica como atea. (Puedes buscar este y otros datos en Wikipedia; consulta el artículo titulado *«Demografía del ateísmo»*).

- **Agnosticismo**. Esta postura niega la posibilidad de que como seres humanos tengamos capacidad y argumentos reales como para afirmar o negar la existencia de un dios, por lo cual es imposible tener dicha certeza. La palabra, desde su raíz etimológica, significa «sin conocimiento». Los agnósticos no creen en un dios, aunque tampoco manifiestan no creer; es decir, ni lo niegan ni lo avalan. El biólogo británico Thomas Henry Huxley fue quien acuñó este término en el año de 1869, y a partir de allí muchos han adscripto a esta postura. Charles Darwin, por ejemplo, afirmó ser agnóstico.

- **Deísmo.** Esta postura está abierta a la creencia de la existencia de un dios o dioses, pero no cree en la práctica de ninguna religión específica. Además, un deísta cree que, a pesar de que sí existe un dios que ha sido el responsable de toda la creación, este no se involucra ni interactúa con ella. Por esta razón, un deísta no aceptaría ninguna manifestación por parte de algún dios, ni ningún mensaje divino, revelación, milagro, profecía o cualquier declaración que se suponga proviene de un dios.

- **Teísmo.** A diferencia del deísmo, el teísmo cree en la existencia de un dios creador y le atribuye la posibilidad de intervenir con la obra creada. No solo eso, sino que este dios estaría comprometido con la supervisión y gobierno de su creación. De aquí se derivan diversas posturas:

- Monoteísmo. Cree en la existencia de un solo dios.

- Henoteísmo. Cree que existen varios dioses, pero adora a uno solo.

- Katenoteísmo. Cree que existen varios dioses, pero se adora uno a la vez.

- Politeísmo. Cree que existen varios dioses y se adora a todos ellos.

- Panteísmo. Afirma que «todo lo que existe es dios, y dios es todo lo que existe».

(Puedes buscar más información sobre esto en Wikipedia bajo el título *«Teísmo»*)

- **Humanismo secular.** Esta postura propone descartar toda creencia religiosa y en su lugar coloca a la ciencia y la tecnología como único mecanismo para la mejora de la condición humana en todas sus dimensiones. Niega todo lo sobrenatural, afirma que la moral es una meta alcanzable sin incluir a Dios en la ecuación, y sostiene que la figura del Estado debe manejarse desde una perspectiva laica o secular. Esta filosofía es la que predomina hoy en día en los sistemas educativos de todo el mundo.

Luego de aprender (o recordar) estos conceptos, vale la pena analizar cuál es nuestra postura y qué es exactamente lo que creemos.

Decimos que somos monoteístas porque creemos en la existencia de un solo Dios, creador del universo y soberano sobre él. El monoteísmo es una rama del teísmo así que, desde esa perspectiva, somos teístas.

Sin embargo, algunos creyentes, a pesar de estar alineados con el cristianismo, afirman que no existen manifestaciones sobrenaturales, y que lo más probable es que Dios no se involucre con su creación. Ellos tal vez encajarían más dentro de la postura del deísmo.

En la rama del deísmo también podríamos pensar en ubicar a aquellos que dicen ser creyentes en Dios pero no aceptan la idea de la iglesia, de vivir y crecer en comunidad, sino que para ellos es tan solo una creencia individual.

Ahora bien, con respecto al tema del henoteísmo vs. el monoteísmo, al estudiar la Biblia, a veces pareciera que el texto admite que hay otros dioses. Mira, por ejemplo, estos pasajes:

«No deben adorar otros dioses sino solamente a mí, porque yo, el Señor, soy un Dios celoso, que exige lealtad absoluta y devoción exclusiva».
Éxodo 34:14

«Grande es el Señor y digno de alabanza, más respetado que todos los dioses».
Salmos 96:4

«Den gracias al Dios de dioses, porque su amor es eterno».
Salmos 136:2 (DHH)

Recuerda también a Jesús diciendo que no podemos servir a dos señores (dioses), y usando la palabra *Mamón* para referirse al dios de las riquezas (en el original en griego de Mateo 6:24).

Incluso Satanás es llamado «el dios de este siglo».

«...pues el dios de este mundo los ha cegado y no pueden contemplar la gloriosa luz de la buena noticia acerca de Cristo que brilla ante ellos. Cristo es la imagen de Dios».
2 Corintios 4:4

Sin embargo, debemos tener en cuenta que cuando la Biblia se refiere a estos «dioses», también llamados «ídolos» en algunos pasajes, se está refiriendo a fuerzas, cosas, animales o personas a las que los hombres les asignaron el carácter de deidad. En tiempos de la Biblia era común que los pueblos se «levantaran» dioses y los adoraran. Presta atención al verbo «levantar», porque en teología siempre hay dos direcciones -de arriba hacia abajo, y de abajo hacia arriba- y la diferencia es muy importante. Cuando la Escritura habla de otros dioses, no se refiere a otros seres espirituales equivalentes a Dios, sino a estatuas o imágenes hechas por manos humanas, a las cuales los hombres tratan como si fueran dioses, haciéndolas merecedoras de su confianza y postrándose ante ellas. En otras palabras, dándoles la honra que solo pertenece al único Dios verdadero.

En la Escritura encontramos muchísimos pasajes en los que se mencionan estos «dioses» o «ídolos» fabricados por los hombres. Mira estos ejemplos:

«Porque los dioses de otras naciones no son más que ídolos,
pero nuestro Dios hizo los cielos».
Salmos 96:5

«Cierto es, Señor, que los reyes de Asiria (...) han lanzado sus dioses al fuego, porque esos no eran dioses, sino simples ídolos, labrados en madera y piedra por los hombres. Naturalmente los asirios podían destruirlos. ¡Oh Señor Dios nuestro, sálvanos para que todos los reinos de la tierra conozcan que tú eres Dios, y solamente tú!».
Isaías 37:19

Los ídolos que se mencionan en la Biblia no son seres espirituales menores a Dios. Son imágenes o estatuas hechas por manos de hombres, a las que los pueblos tratan como dioses. También podríamos incluir aquí a quienes les asignan deidad a los ángeles, o al mismo Satanás como es el caso de los satanistas.

Quizás alguno crea que este tipo de reflexiones son inútiles, pero es importante instruir a nuestros discípulos incluso en estas cuestiones que parecen «meramente teológicas». La revelación de Dios hacia nosotros es progresiva, y aquel que no avanza ni profundiza en aquello que cree, podría estancarse en la dinámica de la religión y pensar que es suficiente con haber creído y con ser parte de una iglesia y compartir sus prácticas. La realidad es que nuestra mente humana es incapaz de sondear la totalidad de Dios. Por lo tanto, nunca podremos pensar que lo sabemos todo. Por el contrario, cada día debemos esforzarnos por seguir conociendo más y más a Dios. ¡Eso es lo que hace un discípulo!

Tus jóvenes deben enamorarse de hablar del Dios verdadero y de vivir como Jesús. Y al hacer ese compromiso, deben continuamente ser intencionales en contagiar a otros con esa fe y ese estilo de vida.

 MEDITA EN UN MODELO

CLIVE STAPLES LEWIS

Si bien es cierto que C.S. Lewis ha sido reconocido mundialmente por su carrera literaria y sus aportes como catedrático, posiblemente una de las mayores contribuciones que la Iglesia ha recibido de sus manos es el libro *Mero cristianismo*, donde refleja su faceta de apologeta. Siempre es interesante conocer la historia de alguien que en sus inicios se dijo ateo o agnóstico, como es el caso de Lewis, y que luego se convirtió al cristianismo. Su conversión, como la de muchos ateos, implicó una época previa de lucha en contra de Dios, durante la cual se llenó de argumentos para acusar de falsa a la figura divina y para mantener un pensamiento alejado de la fe. Lo maravilloso es que fue justamente esa batalla, esa búsqueda contraria al Eterno, la que lo acercó definitivamente a Él.

Dicen que, al igual que Saulo, C.S. Lewis fue un perseguidor de la Iglesia, y que tras su encuentro con Cristo se volvió su defensor. Y hay dos cosas asombrosas acerca de C.S. Lewis. En primer lugar, su capacidad para manifestar a Cristo a través del arte literario que Dios depositó en sus manos, y para llegar al mundo de maneras creativas e inusitadas, muchas veces incomprendidas por aquellos que lo juzgan todo desde la perspectiva de lo que a la religión le conviene. En segundo lugar, que no se conformó con sus primeros escritos literarios, sino que decidió escribir varias obras que hablan abiertamente de la fe. ¿Quiénes de nosotros podríamos lograr esto? Ser tan eficientes y exitosos en un campo cualquiera como para ser escuchados por el mundo entero, y estar a la altura de poder hablar de Cristo en cualquier ámbito, de hacernos oír, y de convertirnos en alguien cuyo criterio es altamente valorado por los démás... ¡bien nos vendría leer algunas de sus obras! Podríamos comenzar por *Las Crónicas de Narnia*, pero probablemente obtendremos mucho más fruto si estudiamos su libro *Mero cristianismo*, y aun mejor si podemos analizar las reflexiones teológicas en su obra satírica *Cartas del diablo a su sobrino*.

Sería importante reflexionar sobre cuál debe ser realmente la meta del discípulo. Debemos conocer el mundo desde varias perspectivas, estar al tanto de los argumentos del ateísmo y del agnosticismo, defender nuestra fe con reflexiones importantes y no solo por la fe en sí misma, y usar todas las expresiones de las artes y las ciencias para confirmar la existencia, sabiduría y poder de Dios. Pero, por sobre todas estas cosas, debemos vivir esa fe en carne propia, pues de nada serviría tener un referente como C.S. Lewis si la magia de sus historias y escritos no se evidenciaran en su vida. Reflejar a Cristo en nuestras vidas, esa es la verdadera meta.

LA FE GENUINA NO ES CIEGA

📖 ILUMÍNATE CON LA VERDAD

La fe genuina no es ciega y tus jóvenes deben saber este texto de memoria:

> *«La fe es la seguridad de recibir lo que se espera,*
> *es estar convencido de lo que no se ve».*
> **Hebreos 11:1**

Si le prestas atención al contexto más amplio de este texto verás que todo el capítulo de Hebreos 11 nos habla de personas que confiaron en las promesas de Dios. Es decir, discípulos, porque aunque precedieron a Jesús, confiaron en Dios y en sus promesas, y eso incluye su gran promesa de la venida del mesías.

Esa fe danza con el entendimiento para estar preparados para compartirla y responder cualquier pregunta de quienes todavía no son discípulos. Mira lo que dice Pedro:

*«Más bien, honren en su corazón a Cristo como Señor.
Estén siempre listos para responder a todo el que les pida explicaciones
sobre la esperanza que ustedes tienen. Pero háganlo con amabilidad
y respeto, de tal forma que a ustedes les quede la conciencia limpia.
Así, los que hablan mal de la buena conducta de ustedes como creyentes en
Cristo, se avergonzarán de sus palabras».*
1 Pedro 3:15–16

Pablo le añade a su discípulo Timoteo:

*«Pero tú sigue firme en lo que has aprendido, de lo que estás convencido. Ya
sabes de quiénes lo aprendiste. Desde tu niñez conoces las Sagradas Escrituras, y estas te pueden dar la sabiduría que se necesita para la salvación
mediante la fe en Cristo Jesús. La Escritura entera es inspirada por Dios y es
útil para enseñarnos, para reprendernos, para corregirnos y para indicarnos
cómo llevar una vida justa. De esa manera, los servidores de Dios estarán
plenamente capacitados para hacer el bien».*
2 Timoteo 3:14–17

Y podemos terminar con el mismo Jesús definiendo la misión:

*«¡Vengan y síganme —les dijo Jesús—,
y los convertiré en pescadores de hombres!».*
Marcos 1:17

*«... él se les acercó y les dijo:
—He recibido toda autoridad en el cielo y en la tierra. Por lo tanto, vayan y
hagan discípulos en todas las naciones. Bautícenlos en el nombre del Padre,
del Hijo y del Espíritu Santo, y enséñenles a obedecer los mandamientos
que les he dado. De una cosa podrán estar seguros: Estaré con ustedes
siempre, hasta el fin del mundo».*
Mateo 28:18–20

🔒 NIÉGATE A

Pensar que el liderazgo, el evangelismo y el discipulado son para otros es una de las peores tragedias del cristianismo.

El llamado a influenciar a otros con el camino, la verdad y la vida, es para cada cristiano nacido de nuevo, y quizás la mayor tentación para cada cristiano moderno no sean los vicios o la inmoralidad sexual, sino vivir un cristianismo aburrido, de templo, sin nunca multiplicarnos en otros.

> **EL LLAMADO A INFLUENCIAR A OTROS CON EL CAMINO, LA VERDAD Y LA VIDA, ES PARA CADA CRISTIANO NACIDO DE NUEVO**

🖐️ ACUDE AL LLAMADO

Desafía a tus jóvenes a prepararse para un futuro de evangelismo.

Recomiéndales los siguientes libros para aprender doctrina desde el matiz del evangelismo y el discipulado:

- *Credo* (Samuel Pagán y Alex Sampedro)
- *Fe razonable* (William Lane Craig)
- *Jesús entre otros dioses* (Ravi Zacharías)
- *Una fe lógica* (Timothy Keller)
- *Mero cristianismo* (C.S. Lewis)
- *Artesano* (Alex Sampedro)

Siempre tenemos a nuestro alrededor candidatos para evangelizar y discipular. Anima a tus jóvenes a comenzar ahora mismo con al menos 3 personas que te compartan para comenzar a orar por ellos.

Mediten en estos principios que deberán abrazar:

- **Discipulado de relaciones.** El discipulado puede incluir un programa (como este material) pero su esencia son las relaciones cercanas.

- **Evangelismo y discipulado van de la mano.** El verdadero evangelismo no se reduce solamente a una explicación acerca de la cruz, sino que usa ese punto de partida para que la cruz sea un estilo de vida.

- **Siguiente generación.** La Iglesia siempre está a una generación de morir y la primera oportunidad de ser modelos y sembrar en terreno fértil la tenemos al evangelizar y discipular a quienes vienen detrás nuestro en edad.

- **Confianza en que el Espíritu Santo completa la obra.** Al compartir el evangelio y enseñar la palabra de Dios, el resultado es fruto de la acción del Espíritu Santo y de la fe de las personas. Nosotros solo regamos con amor, y por eso Pablo nos deja con esta promesa:

«El que comenzó tan buena obra en ustedes la irá perfeccionando
hasta el día en que Jesucristo regrese...».
Filipenses 1:6

BIBLIOGRAFÍA

- Anderson, Neil. *Una vía de escape.* Editorial Unilit. Miami, Florida. 1995.

- Craig, William Lane. *Fe razonable.* Publicaciones Kerigma. Salem, Oregon, Estados Unidos. 2017.

- George, Jim. *Un joven conforme al corazón de Dios.* Editorial Portavoz. Grand Rapids, Michigan. 2014.

- Kinnaman, David. *Me perdieron.* Editorial Vida. Miami, Florida. 2013.

- Leys, Lucas. *Diferente.* Editorial Vida. Miami, Florida. 2015.

- Leys, Lucas. *El mejor líder de la historia.* Editorial Vida. Miami, Florida. 2012.

- Leys, Lucas. *Liderazgo Generacional.* Editorial e625. Dallas, Texas. 2017.

- Leys, Lucas. *Stamina.* Editorial e625. Dallas, Texas. 2019.

- Leys, Lucas/Burns, Jim. *El código de la pureza.* Editorial Vida. Miami, Florida. 2012.

- Mancini, Will. *Iglesia única.* Editorial Vida. Miami, Florida. 2014.

- McDowell, Josh. *Evidencia que exige un veredicto.* Editorial Vida. Miami, Florida. 1982.

- McDowell, Josh. *La verdad desnuda.* Editorial Patmos. Weston, Florida. 2011.

- Meyer, Joyce. *Belleza en lugar de cenizas.* Editorial Unilit. Miami, Florida. 1994.

- Morley, Patrick. *El hombre frente al espejo.* Editorial Vida. Miami, Florida. 2007.

- Pagán, Samuel/Sampedro, Alex. *Credo.* Editorial e625. Dallas, Texas. 2018.

- Platt, David. *Radical.* Editorial Unilit. Miami, Florida. 2012.

- Plaza, Héctor. *El carácter del líder.* San Vicente, Ecuador. 2018.

- Sampedro, Alex. *Artesano.* Editorial e625. Dallas, Texas. 2018.

- Ortiz, Félix. *Cada joven necesita un mentor.* Editorial e625. Dallas, Texas. 2017.

- Ortiz, Félix. *Valores.* Editorial e625. Dallas, Texas. 2019.

ALGUNAS PREGUNTAS QUE DEBES RESPONDER:

¿QUIÉN ESTÁ DETRÁS DE ESTE LIBRO?

Especialidades 625 es un equipo de pastores y siervos de distintos países, distintas denominaciones, distintos tamaños y estilos de iglesia que amamos a Cristo y a las nuevas generaciones.

¿DE QUÉ SE TRATA E625.COM?

Nuestra pasión es ayudar a las familias y a las iglesias en Iberoamérica a encontrar buenos materiales y recursos para el discipulado de las nuevas generaciones y por eso nuestra página web sirve a padres, pastores, maestros y líderes en general los 365 días del año a través de **www.e625.com** con recursos gratis.

¿QUÉ ES EL SERVICIO PREMIUM?

Además de reflexiones y materiales cortos gratis, tenemos un servicio de lecciones, series, investigaciones, libros online y recursos audiovisuales para facilitar tu tarea. Tu iglesia puede acceder con una suscripción mensual a este servicio por congregación que les permite a todos los líderes de una iglesia local, descargar materiales para compartir en equipo y hacer las copias necesarias que encuentren pertinentes para las distintas actividades de la congregación o sus familias.

¿PUEDO EQUIPARME CON USTEDES?

Sería un privilegio ayudarte y con ese objetivo existen nuestros eventos y nuestras posibilidades de educación formal. Visita **www.e625.com/Eventos** para enterarte de nuestros seminarios y convocatorias e ingresa a **www.institutoE625.com** para conocer los cursos online que ofrece el Instituto E 6.25

¿QUIERES ACTUALIZACIÓN CONTINUA?

Regístrate ya mismo a los updates de **e625.com** según sea tu arena de trabajo: Niños- Preadolescentes- Adolescentes- Jóvenes.

¡APRENDAMOS JUNTOS!

TU MINISTERIO SUBIRÁ DE NIVEL

¡SUSCRIBE A TU MINISTERIO PARA DESCARGAR
LOS MEJORES RECURSOS PARA EL DISCIPULADO
DE LAS NUEVAS GENERACIONES!

Lecciones, bosquejos, libros, revistas,
videos, investigaciones y mucho más

e625.com/premium

Suscripción de materiales premium para iglesias
Recursos gratis
Tienda con envíos internacionales
Chat en tiempo real
Revista Líder 6.25
FAMILIAS SANAS + IGLESIAS FUERTES
PASTORES
NIÑOS
INSTITUTO e625
Educación online www.institutoe625.com
Eventos de actualización ministerial
Seminarios para iglesias locales
Libros Online
e625.com
TE AYUDA
TODO EL AÑO